膳
工广

NATIVE AMERICAN
WARRIORS

美洲原住民战士

[英]马丁·J.多尔蒂　著

历史独角兽　李晓哲　译

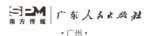
广东人民出版社
·广州·

目录
CONTENTS

引　言

早期的美洲原住民很有创造力。他们利用自然材料来解决各种问题，例如有效地捕鱼等。

用石尖矛猎取像乳齿象这样的大型动物，需要敏捷、勇气和对狩猎队其他成员的信任。

　　美洲原住民的特点有很多——伟大的猎人，深具灵性的民族，还有传奇般的战士。早在欧洲人到达美洲之前，战争和冲突就是美洲原住民社会的一个重要组成部分，但这些都不能完全定义他们的文化。

　　他们的社会是多样的、复杂的和高度进化的，虽然有共同的特点，但并没有单一的"美洲原住民的生活方式"，并且很少能找到真正普遍适用的模式。像大多数普通人一样，美洲原住民只想过好自己的生活，大多数人都认为冲突充其量是一种必要的邪恶。但当必要时，他们可以而且会勇敢地战斗。

　　欧洲人与美洲原住民战士的第一次接触是在公元1000年左右，来自格陵兰岛的北欧人试图在被他们称为"文兰"（Vinland，即今纽芬兰）的地方建立殖民地。文兰岛是由莱夫·埃里克森（Leif Eriksson）发现的，他的船员在驶回格陵兰岛的家园之前在那里过冬。埃里克森的兄弟索瓦尔德（Thorvald）试图在文兰岛建立一个殖民地。

如果北欧人可以公平地对待当地居民，这可能会很顺利。然而，他们蔑视石器时代的原住民，称其为"斯克赖林"（Skraelings，可怜虫），并经常在贸易中欺骗他们。冲突顺势爆发，起初，北欧人对他们固若金汤的营地很有信心，因为他们拥有中世纪早期欧洲能生产的最好的武器和盔甲。

然而，拥有最先进的军事装备并没有拯救索瓦尔德的远征。北欧人发现他们的营地几乎被精通狩猎和熟悉这片土地的人团团围住。结果不言而喻，在适当的时候，北欧人回到了格陵兰岛。尽管美洲原住民的不同群体之间仍然会有冲突，但随后几个世纪他们都没有遭到进一步的入侵。当下一批欧洲人到达时，双方所处的社会都比公元1000年时要先进得多。

在末次冰期（the Last Ice Age）的高峰，当时的地貌与如今大不相同。末次盛冰期（the Last Glacial Maximum）发生在26000—27000年前，大量的水被锁在冰川和冰原中，极大地降低了海平面并使大片土地变得完全不适合人类居住。围绕着大冰盖的边缘地区是苔原和其他勉强可以居住的地带，幸存的人类被迫迁往有食物的

将北欧人赶出美洲的人可能是因纽特人（Inuit），北欧殖民者对他们的称呼与对格陵兰岛的因纽特人的称呼一样。

温暖地区，即使在这里生活也很艰难：降雨量比现代少，削弱了土地支持植物和动物生命的能力。

这只是更大的周期的一部分。在地球存在期间已经出现了几次冰期，而在每一次冰期中都有冰川退去的温暖时期，温暖时期结束之后就是大面积冰川的回归。几乎没有证据能够证实在冰期开始之前或在较温暖的间冰期内存在着什么样的社会。然而，众所周知，生活在末次盛冰期的人们从解剖学和行为学的角度看都是现代人。解剖学上的现代人大约出现在20万—30万年前，而行为学上的现代人大约出现在4万年前的末次冰期。在这种情况下，"行为学上的现代性"指的是语言和艺术所传达的抽象思想的存在，以及其他标志。这些人是在冰川运动期间进化的——而且很可能是由于冰川运动而产生进化的——并且在冰原最终消退时开始扩散。

冰川运动并没有迅速或突然结束。气候逐渐变暖导致了一些冰原的融化，但这是一个耗时数千年的过程。各个地区的情况并不相同，因此现代科学家通常研究的

克洛维斯时代（Clovis Era）的人们生活在一个冰川消退导致重大气候变化的时代。为了追寻猎物和其他食物来源，游牧的生活方式是必要的。

考古证据表明，现在的马里兰州可能在16000年前或更早以前就有人居住了，人类从西南方向进入该地区。

是特定地区的情况，而不是全世界的情况。因此，在北美大陆，这个时期被称为威斯康星冰期（Wisconsin Glaciation）。其最大范围的冰川覆盖大概发生在21000—26000年前。末次盛冰期导致了白令陆桥（Beringia）的产生，这是北美洲和亚洲大陆之间的一座陆桥，现在的白令海峡就位于这里。

尽管白令陆桥位于一个非常偏北的纬度，但低降雪量意味着它没有被冰覆盖，仍然适宜居住，陆桥两端的周围也有类似的无冰区。

正是通过这些无冰区，人类和许多动物物种从亚洲跨入美洲。第一批进行穿越的人类不会意识到他们正在从一个大陆向另一个大陆移动，他们只是在这块相对宜居的土地上追寻可获得的猎物。

到了美洲之后，新来的人们发现他们的路被冰原挡住了，最初的扩张被引向少数几个狭窄的走廊。随着冰原的消退，新的无冰区逐渐出现，因此人类群体开始向整个大陆蔓延。

气候变暖和冰原融化导致海平面上升，最终淹没了白令陆桥的大部分地区并切断了陆桥，这确保了没有更多的移民进入美洲。已经在那里定居的人口的基因构成了整个可用的基因库，如果没有其他人口到来，那么在接下来的几千年里，他们将与其他人类群体分道扬镳。

气候变暖导致冰原内出现了淡水湖，这些湖泊大多被冰坝困住。当这些冰坝最终融化时，大量的水就会涌入大海，这在许多情况下又会影响洋流。一个结果是来自赤道的暖流中断导致北半球的平均温度突然下降。美洲的早期人类虽受到这些气候变化及冰坝断裂造成的地方性影响，但他们幸存下来并继续扩张。大约在11700年前，气候开始再次变暖，新的土地开放出来，允许人类扩张到东海岸和遥远的北方和南方。

美洲大陆的早期定居人口

关于美洲大陆上的早期定居人口，究竟是单次大规模涌入的——可能有两次或更多次这样的移民——还是在白令陆桥最终被切断之前，由此穿过的一小群人，有很多争论。同样，目前还不清楚人类最早到达美洲的确切时间。新的考古发现提出了各种日期，并对其他日期产生了怀疑，但理所当然的是，已知的最早存在只是被

虽然经常被描述为"猛犸象猎手"，但克洛维斯时代的人们会捕捉任何出现的猎物。一头猛犸象代表着大量的食物，只有冒着巨大的风险才能获得。

克洛维斯矛尖只有所使用的材料是原始的。矛
尖的设计会根据制作者打算对付的猎物进行
优化。

发现的最早证据——这并不意味着人类在这之前没有在此存在过，只是数量太少并
无证据存留。伴随着冰原的融化，海平面的上升可能使许多早期遗址消失了。

　　人类向美洲大陆的迁移有可能早在2万年前就开始了，当然，更近的日期得到
了许多现有证据的支持。已知的是，这些人类只拥有石器时代的技术，他们的生活
方式是狩猎-采集。虽然从许多判断标准来看，这些人是原始的，但他们聪明机智，
善于制造符合他们特定需求的石器。在这一点上，他们与早期人类不同，后者制造
的是相当基本的工具。

　　这个时代通常被称为旧石器时代晚期，基本上是"石器时代"的最后部分。工
匠们能够制造相当复杂的工具和武器，用于狩猎和处理从猎物身上获得的皮和肉。
狩猎-采集者还拥有丰富的知识，知道什么时候和什么地方有什么食物。只要不是
当地天气和气候条件突然发生变化，这种知识都使猎人能够在正确的地方猎鹿，利
用鱼类逆流而上产卵的机会捕鱼，以及找到合适的水果、浆果和其他植物材料来满
足他们的需求。

"虽然他们的生活很艰苦，但这些早期美洲人知道如何靠这片土地很好地生活……"

虽然他们的生活很艰苦，但这些早期美洲人知道如何靠这片土地很好地生活。尽管条件不断变化，但他们的人口逐渐增长。随着冰雪的消退和通向新土地的走廊被打开，人们在这些土地上繁衍，新的机会来了。我们所知道的是，在大约13000年前，人类已经到达了现在的新墨西哥州。几十年来，新墨西哥州克洛维斯附近的考古发现测定的年代被认为是人类在美洲活动的最早时间，尽管现在有一些证据指向更早，甚至可能早得多的定居点。

克洛维斯人显然需要一些时间才能从白令陆桥扩散开来，而且不太可能在冰原融化后立即采取直接进军的形式。因此，如果在13000年前的克洛维斯地区就有人类，那么在那之前的几个世纪里，人类似乎就已经出现在北美洲了。也许永远无法获得确凿的证据证明是否存在更早的文化，但我们知道的是，在克洛维斯时代，人类已经使用了复杂的狩猎工具。

克洛维斯时代的人类使用的长矛有一个独特的尖端，被称为克洛维斯矛尖。克洛维斯矛尖由燧石和类似材料精心削制而成，长度可达20厘米（7.9英寸），并与木柄相连，是一种致命的武器。其他时代或地区的矛尖在尺寸和形状上往往与克洛维斯的设计不同。很明显，这些矛尖有一个适合它们用途的特定设计，而且可能是长期实践和经验积累的结果。

相当多的证据表明，克洛维斯时代的美洲原住民有能力猎杀猛犸象这样的巨型动物，而且这很有可能是一种常规行为。即使有高质量的石尖矛和隐蔽的刺坑形式的猛犸象陷阱等技术辅助，在现代人的想象中，弱小的人类猎杀像猛犸象这样巨大而危险的东西，也不会有什么"常规性"可言，但克洛维斯人确实这样做了。事实上，他们可能已经把猛犸象猎杀到濒临灭绝。

由于气候的变化，猛犸象和其他巨型动物面临着生存压力，而且可能正是早期猎人的活动使它们濒临灭绝。研究人类狩猎对大象种群的影响的软件分析结果表明，人类的捕食——虽然在如此原始的条件下可能规模有限——可能是使北美猛犸象种群数量锐减到无法恢复的一个因素。有证据表明，猛犸象在克洛维斯时代并没有完全灭绝，但很可能只剩下一些小的幸存种群。

被屠宰过的猛犸象残骸和克洛维斯风格的石器一起被发现，这表明这个时代的人食用他们猎杀的巨型动物的肉，尽管他们会在有机会的时候猎杀更容易获取的猎物。能够良好配合并拥有足够好的武器的人，可以猎杀猛犸象，也有能力猎杀几乎所有的陆地生物，当然，如果他们互相争斗，用于猎杀猛犸象的工具和技能会使他们处于有利地位。

"有相当多的证据表明，克洛维斯时代的美洲原住民有能力猎杀猛犸象这样的巨型动物。"

替代理论（Alternative Theories）

关于人类向美洲的扩散还有其他理论。尽管其中有些理论可以被礼貌地描述为"古怪的"，但这些理论是基于科学证据的——尽管在某些情况下存在争议——并试图解释在早期人类遗存中观察到的遗传或技术特征。

人类有可能通过其他路线而不是通过陆路跨过白令陆桥进入美洲。一种理论认为，人们可能乘坐小船抵达了大西洋冰盖的南部边缘，在冰上上岸打猎或捕鱼。其他理论没有明确阐释人类是如何到达那里的，但认为在中美洲和南美洲发现的遗存所处的年代可能早在5万年前。

孩子们从小就学习打猎的技巧，直到他们有了很强的能力才会被允许加入狩猎队。

多年来，新的证据不断出现，但我们很有可能永远不会知道人类究竟是何时进入美洲的，或者他们是如何随着时间的推移而扩散的。一些证据表明某些遗址的年代可能在1万至5万年前，这引起了激烈的争论。

但似乎可以肯定的是，人类在1万至1.5万年前就出现在了美洲，而且可能更早，他们与欧洲和非洲的族群分开发展，可能与东亚人有过一些接触，但海平面上升之后，这种接触彻底消失了。

古印第安时期

无论克洛维斯人是出现在北美的第一批人类居民，还是如最近的证据表明的那样，人类定居时间比以前认为的要早，在大约13000年前，美洲都肯定已经出现了人类。如果他们以足够的数量到达现在的新墨西哥州，并留下我们今天可以找到的痕迹，那么人类至少在那之前的数百年就已经在整个大陆扩张。

长期以来，人们认为这种扩张是通过围绕落基山脉的科迪勒拉冰盖（Cordilleran Ice Sheet）和覆盖大陆东部的较大的劳伦泰德冰盖（Laurentide Ice Sheet）之间的无冰走廊进行的。这一理论至今仍被广泛接受，但考古遗址的测定年代和对冰盖融化时间的新估计，使人们对把陆路迁移作为克洛维斯时代人类到达现在的新墨西哥州的途径的这种观点产生了怀疑。

进入美洲有可能是沿着海岸或通过陆路进行的，抑或以单一的扩张形式进行。这一理论符合在克洛维斯遗址南部发现的前克洛维斯遗迹，尽管对其中一些遗迹所处的年代仍有争议。不管通过什么途径，人类在整个大陆上扩散，形成了最初非常分散的人口。

这些人的生活方式在大陆上的大部分地区大致相似——他们是狩猎 - 采集者，能够制造石制工具并以创造性的方式使用它们。起初不会有太大的文化差异，但随着这些群体的扩散和相互隔离，他们的经历和生活条件将开始塑造他们的思维方式和信仰。

"……随着这些群体的扩散和相互隔离，他们的经历……将开始塑造他们的思维方式和信仰。"

猎人的大部分工作是准备他的武器，这可能伴随着与他的家人和其他部落的社交活动。

这段定居、迁徙以及在美洲大陆大部分区域建立族群的时期，被称为古印第安时期。它大约在9000年前结束，这只是一个非常笼统的数字，各区域有所不同。随着冰原的融化，大量的水涌入海洋，海平面迅速上升，可能随着这一过程进入尾声，气候条件的改善足以利于人口的扩张并且使特定区域人口遭遇潜在灾难性挫折的几率降低。

许多地区的降雨量有所增加，同时大气中的灰尘含量也减少了。这些影响似乎是全球性的，因为大约在美洲的古印第安时期结束时，美索不达米亚地区已经开始种植小麦。这两个区域之间没有直接联系，这种情况更有可能是世界各地的社会对

稳定的环境做出了反应。

低洼地区相对快速的被淹没和随之而来的地形变化使得狩猎 - 采集文化群体的生活变得艰难，并可能迫使人们离开以前的丰饶地区。随着这一过程的减缓，早期的部落将能够建立领地，并在可预测的时间和地点获取猎物。迁移仍然会发生，但它不太可能由不断变化的环境条件决定了。

8200 年前，全球气温突然下降，这在后来被称为"8.2 千年事件"（8.2 Kiloyear Event）。这可能是劳伦泰德冰盖的最后崩塌造成的，其残余部分包含大型融水湖，湖水一旦被释放就会冲向大海。这产生的直接影响在北美大陆是很严重的，这一时期的气候变化对全世界都有影响。

北美洲的人们经历了这些气候异常的年代之后开始主宰整个大陆。族群基于他们的居住地区开始分化，具备了独特文化的雏形。然而，这些族群并不是孤立的，有证据表明各地区之间有贸易往来，文化交流肯定已经发生。大陆上相距甚远的地区条件迥异，这无疑是形成独特的部落特征的一个影响因素。

在欧洲人到来之前，骨头、木头和石头是美洲原住民使用的主要材料，之后仍然使用，但比较有限。

在北美大陆的几个地方都发现了岩画，有些可以追溯到史前时代，有些则是在欧洲人到来之后雕刻的。

中印第安时期

中印第安时期被认为是在距今8000年左右开始的。这一时期的人们所使用的工具仍然是由石头制成的，但工具制造技术有所进步，产生了打制石器。同时还出现了各种狩猎技术和设备，包括使用渔网和鱼钩。由于狩猎技术的改进，特定群体的活动区域逐渐缩小，产生了一种创造更加稳定的生活方式的趋势。

游牧生活仍然是一种常态，早期的群体可能会在一个巨大的区域内活动，但不会再回到同一个地方，而中印第安时期的猎人群体会在一年中不同的时间选择寻找猎物或其他食物的地点，而且如果在该地区已经找到一个好的营地，那么他们不太可能选择不再使用它。

群体总体上是小规模的，但有证据表明，有时多个群体会在一段时间内合并，或至少在一起生活和狩猎。这使不同群体之间能够交流思想，进行通婚。世界各地

彩绘岩岩画遗址（Painted Rock Petroglyph Site）是亚利桑那州希拉本德（Gila Bend）附近40多个遗址中最大的一个。它包含大约800个独立的图像。

游牧的狩猎－采集者生活在简单的庇护所中，这些庇护所是由他们可以携带或依靠他们停留的地方所获得的材料建造的。随着时间的推移，出现了独特的庇护所设计。

的原始社会似乎都意识到了近亲繁殖的危险，并且通常在可能的情况下通过与其他群体交换部落成员来避免这种情况。

这些游牧民族留下的痕迹相对较少，只有用来处理骨头的坑、贝壳堆和类似的生活垃圾堆，现代科学家用它们来确定群体人口数量、饮食和季节性移动规律。北美大陆有大量可使用的土地和猎物，而且开始时人口不多，没有必要为资源而竞争。

然而这并不是说没有冲突发生。人类在其存在的整个过程中一直在相互争斗，虽然不总是出于必要。美洲人口密度低，大多数情况下，在一个地方受威胁的群体能够在其他地方找到同样好的猎场，这意味着冲突和竞争比欧洲要少得多。

人口分散的一个影响是减少了创新的动力。欧洲的技术进步速度比美洲快得多，其城市大约在6500年前就出现了。城镇和城市的建设取决于从狩猎社会到农业社会的转变，并需要解决各种技术

"群体总体上是小规模的，但有证据表明，有时多个群体会在一段时间内合并，或至少在一起生活和狩猎。"

"美洲的部落和部落联盟发展出复杂的社会体系，可以与欧洲的任何社会体系相媲美。"

问题，这进一步刺激了欧洲的进步。

但在美洲根本没有必要采用这种新的生活方式，因此，虽然农业最终被美洲的一些文化群体采用，但他们却没有强大的动力发展农业。在欧洲，以农业为基础的城市社会可以支持比他们的游牧邻居更大的人口基数，使他们能够把欠发达的族群赶出他们的领地。简而言之，在欧洲和中东，城市建设者赢得了资源争夺战；而在美洲，这种战争从未发生过。

一个具有文化认同并愿意在需要时帮助其成员的大型部落可以被视为一个国家，即使它没有宏伟的首都和有围墙的城市。从这个意义上说，在欧洲和美洲确实都出现了有组织的国家，美洲的部落和部落联盟发展出复杂的社会体系，可以与欧洲的任何社会体系相媲美，但这并不是短时间内发生的。

犹他州沙岛（Sand Island）的岩画描绘了猛犸象和野牛等生物，这证实了人类和猛犸象至少在一段时间内共存的理论。

在俄亥俄州的古堡文化州立纪念地（Fort Ancient）考古区展出的霍普韦尔时代（Hopewell-era）的住所复制品。霍普韦尔文化一直存在到公元前500年左右。

一些美洲部落的人们建造了永久性建筑，尽管他们的生活方式不是定居。最早的例子是路易斯安那州的沃森布瑞克（Watson Brake）。这是一个"土丘城"（Mound City），它由一圈土丘组成，并由一条山脊或土堤连接。建筑工程大约在5500年前开始，而该遗址在这之前已经使用了几个世纪。

沃森布瑞克遗址的特别之处在于，它似乎是由游牧民族建造的，建造完成后他们并没有定居下来。而后来的其他土丘城市的居民都是长期居住在那里的。由于土丘建筑只能采取有限的几种形式，因此往往在外形上相似，但建造它们的目的却由于建造主体的不同而各有差异，并不是所有的土丘城市都是为居住而设计的。

这些早期的土丘城市的建设对狩猎 - 采集文化来说是一个重大的挑战。对于欧洲和中东的农业社会来说，把足够多的人聚集在一起，并为他们的工作提供支持并不是一件容易的事。而对于半游牧的狩猎者来说，这代表了一个不可思议的成就。然而，人们对这个时代的文化知之甚少，因为没有留下相关的文献记载。即使是一些大问题，如为什么要建造这些土丘，在大多数情况下也没有答案。这个时代社会生活的其他方面反而更容易被理解。

克洛维斯时代的石尖矛是为短距离的刺击或投掷而设计的。虽然当时的人们有能力击倒猛犸象这样的大型动物，但这需要距离非常近，并要在野兽被削弱到足以被击倒之前造成多个伤口。即使是一队经验丰富的猎人，也需要由其中一些人负责分散猎物的注意力和迷惑猎物，而另外的人则从侧面进行攻击。对付大型猎物是很危险的，而较小的动物则可能会在猎人投掷武器之前就已经逃掉。

中印第安时期的长矛比较短，有各种头部设计，可以在投矛器的帮助下被投掷出去。这种投矛器是一根一端有钩子的棍子，矛的底部就靠在上面。投矛器提高了投掷长矛的速度，从而提升了射程、准确性和击倒猎物的概率。

新印第安时期

土丘建筑群的建设曾一度停止，直到距今3500年左右恢复。这一时期最著名的土丘建筑是波弗蒂角（Poverty Point），其建造时间跨越了几个世纪，但建造目的不明。据推测，这里的土方工程可能具有宗教意义，或者可能是一个定居点和贸易中心。

考古学家将建造这一建筑的社会文化命名为波弗蒂角文化。许多其他的土丘建筑群是由生活在密西西比河周围的同一批人建造的，但他们在更广泛的地区维持着一个贸易体系。波弗蒂角文化一直持续到距今约2700年，是在新印第安时期出现的文化群体之一。

目前已知的在同一地区出现的下一文化是切夫肯特（Tchefuncte）。虽然在贸易联系方面不那么广泛，但切夫肯特人能够制造陶器，使食物的储存和运输条件得到改善。餐食的烹饪方法也得到了改善，因为烧制的黏土容器可以用来制作炖菜和其他相对复杂的菜肴。切夫肯特人仍然是狩猎 - 采集者，会在他们停留的地方建造临时住所。

这一时期文化和社会发展继续进行。切夫肯特文化大约在1800年前结束，当时正值罗马帝国的鼎盛时期。切夫肯特文化被现代历史学家命名的马克斯维尔文化（Marksville Culture）取代，马克斯维尔文化的主要考古遗址位于路易斯安那州的阿沃耶尔县（Avoyelles Parish）。马克斯维尔人实行祭葬，会为有地位的

"……从这些文化中发现了大量的艺术品，其中许多似乎与通灵术或萨满教有关。"

俄亥俄州的奇利科西遗址（Chillicothe Site），这是由霍普韦尔文化群体建造的墓冢群。该地区的其他土丘群可能具有不同的功能。

人建造精致的土丘墓。

　　与马克斯维尔文化同时代的是圣罗莎 - 斯威夫特溪文化（Santa Rosa-Swift Creek Culture），据说该文化群体能够加工铜。在北方，在现在的俄亥俄州和周边地区，分散的人口被一个广泛的贸易网络联系起来，称为霍普韦尔文化（Hopewell Culture）。这并非指向一个部落，它更多被认为指向分散的群体所表现出来的一系列特征或社会规范。

　　霍普韦尔文化的特点是在一个地区短期定居，居住在为此目的建造的庇护所内，然后再在需要时搬迁。贸易通常沿着河流，从作为商业中心的定居点向外辐射。货物在这些定居点之间流动，然后分散到较小的定居点。通过这种方式，从大湖区到墨西哥湾，必要或理想的物品一直被用来交易。

　　霍普韦尔文化最突出的遗迹位于俄亥俄州的奇利科西。这是一个墓冢群，这里显然没有被用作定居点，而其他遗址则有人居住，同时也有埋葬的功能。可能是霍普韦尔文化中最重要的人被埋葬在那里，这意味着霍普韦尔文化存在着复杂的等级制度。其他证据也证明了这一点，表明社会发展超出了典型的狩猎 - 采集社会的非正式组织。

北美历史上的各个时期

根据观察到的特征，北美洲大陆的历史和史前史可以分为若干时代。一个时代过渡到下一个时代的准确日期是无法确定的，因为没有什么标志，也没有书面记录。区域差异也存在。观察者根据自身的目的，使用不同的系统来定义时代。

古印第安时期：从人类首次到达美洲大陆到大约1万年前。向古风时期（Archaic Period）的过渡是由气候变化引发的，因此既是渐进的也是不平衡的。从这个时代到下一个时代的过渡被广泛认为在某些地区一直持续到距今6000年。

中印第安时期：从古印第安时期结束到大约3000年前。另外，一些观察家使用"古风时期"一词，有时认为古风时期跨越了从古印第安时期结束到距今4000—5000年的时代。

新印第安时期：从中印第安时期结束到欧洲人于500年前到达美洲。这一时期通常根据当地条件被细分为较短的时代，也被称为形成期（Formative Period）或林地期（Woodland Period）。这个时代的特点是陶器的发展、墓冢的建造和对食用植物的精心栽培。

霍普韦尔文化被认为是由之前的阿德纳文化（Adena Culture）发展而来，阿德纳人在距今2200—3000年这段时间内建造了数百或数千个土丘建筑。从这些文化中发现了大量的艺术品，其中许多似乎与通灵术或萨满教有关。这一点，加上大规模的墓冢建设，表明阿德纳文化和霍普韦尔文化是非常稳定和繁荣的，可以将大量的资源用于宗教。这也说明人们显然关心他们的精神健康，并能够将这种关心转化为物质产品的创造。

阿德纳文化群体和后来的霍普韦尔文化群体仍然依赖狩猎，但他们也在一定程度上进行了耕作。有证据表明，在圣罗莎-斯威夫特溪文化时期，人们已经在根据营养价值选择植物，开始通过人工选择培育高价值粮食作物。这与世界上其他地方的情况相似。

阿德纳文化大约在1800年前消失了。虽然不知道它为什么会消失，但社会变化可能是原因之一。随着霍普韦尔文化的消逝，一种新的社会秩序出现了，现在被称为密西西比文化（Mississippian Culture）。其特点是对农业的依赖性增加，并建立了永久性定居点。一个复杂的、有等级的社会秩序的存在，代表了社会从松散的狩猎 - 采集者队伍向部落国家的重大演变。

"……人们显然关心他们的精神健康，并能够将这种关心转化为物质产品的创造。"

同时，在西南部，农业已经变得很普遍，霍霍卡姆文化（Hohokam Culture）已经建造了水渠来灌溉其田地。农业有可能是效仿或引进自墨西哥和中美洲地区，霍霍卡姆文化与这些地区有着广泛的联系。大约在2000年前的同一时期，新墨西哥州的莫戈隆文化（Mogollon Culture）并不依赖灌溉，其耕作方法与霍霍卡姆人不同。

阿纳萨齐人（Anasazi）大约在1600年前开始种植玉米，并逐渐开始集中到较大的城市地区。北美洲西南地区的现代美洲原住民民族，如霍皮族（Hopi），一般被认为源于阿纳萨齐人。

陶器的发展是美洲原住民的一大进步，使准备和储存食物的新方法得以发展。

狩猎 - 采集者 VS 农民

　　人们自然而然地认为，以农业为基础的定居生活是先进的，而狩猎 - 采集太原始了，无法相提并论。然而事实并非如此。要在游牧环境中发展实则需要相当多智慧和资源，而那些实行这种生活方式的人并不笨拙。

　　狩猎 - 采集者需要了解土地和土地上可能存在的食物（和危险）。对动物习性有了充分的了解之后，"原始的"猎人就会去动物在一年中的那个时间段

屠宰像乳齿象这样的大型动物是一项复杂的工作，需要大量的技巧，以避免造成浪费。

会出现的地方寻找猎物，然后在那里埋伏。他们知道如何更好地猎取不同类型的动物，以及在哪里采集植物作为食物。

狩猎 - 采集者的"工作日"比早期农民要短得多。他们大部分的工作是在合适的地方等待，这也可能意味着在等待兽群进入该地区时与其他猎人闲聊。相对地，农民则要不断地工作。

定居的主要优势主要体现在困难时期。如果猎物没有出现，猎人就会挨饿。农民也许可以在一段时间内依靠储存的食物维生，并且定居下来能够保存一些农产品。游牧文明在某种程度上实现了食物保存，但一个游牧群体能够随身携带的东西是有限的。因此，以农业为基础的社会在食物短缺的时候会有更大的弹性。

总的来说，成为农民对狩猎 - 采集者来说并没有什么吸引力。这是一项艰苦的工作，剥夺了他们传统的自由。它确实在稳定性和建立更大社区的能力方面更具优势，这反过来又促进了技术的进步。然而，缺乏这种技术并不意味着狩猎文化群体是"落后的"或缺乏智慧的。相反，这些人聪明而坚韧，对他们需要的技术非常熟练。

欧洲人的到来

如果不考虑公元1000年左右北欧人短暂的、多舛的殖民尝试，美洲原住民社会在大约500年前或多或少是孤立发展的。当然，北美洲原住民与中美洲和加勒比海地区的文化有接触，并且欧洲人可能在哥伦布"发现"该大陆之前就与北美洲原住民有互动。

已知来自欧洲——特别是西班牙、葡萄牙和英国——的渔民在公元1500年之前就在大浅滩和北美大陆的海岸上活动，而且更有可能在此前就在那里捕鱼。这些渔民完全有可能上岸补充给养，或因恶劣天气而被迫上岸，并在那时遇到了当地居民。有人认为，当第一批探险家到达时，源自欧洲的疾病已经在美洲人中扩散，美洲人对此缺乏任何免疫力，只是因为接触规模小而伤亡比例不高。

普遍接受的"发现新世界"的日期是1492年，当时克里斯托夫·哥伦布（Christopher Columbus）的航行将他带到了加勒比海的大片岛屿上。到1500年，对美洲大陆海岸的测绘已经开始。这些早期的探险队很可能与当地居民进行了接触，但并没有与之发生冲突。

只是当欧洲人开始在他们的"新世界"进行殖民统治并大规模掠夺财富时，他们才遇到了以战士身份出现的美洲原住民。最终，尽管原住民战士战斗力很强，欧洲人还是凭借高超的技术主宰了美洲大陆。正如中东的城市建设者最终打败并赶走了他们的游牧邻居一样，技术先进的欧洲国家最终也打败了美洲原住民。然而，他们并没有完全按照自己的方式行事。

欧洲人来到新大陆后，迎来了五个世纪的间歇性冲突。"印第安战争"于1890年结束，即哥伦布插旗的五个世纪之后。

第一章
东海岸部落

　　北美大陆的东部沿海地区是一个宽阔的沿海平原，平原上有许多河流，其中一些流入非常大的海湾。海拔向西升高，大西洋海岸线形成平原的边界。在内陆，阿巴拉契亚山脉形成了一条分界线，将沿海地区与大陆内部分开。

这张照片拍摄于20世纪初，易洛魁人（Iroquois）早已过了其权力的鼎盛时期，并且已经有几代人受到了欧洲的影响。

在卡霍基亚土丘遗址发现的斯奈德类型（Snyders Type）的石制箭头和刀片。类似的工具在整个密西西比文化时期及以后经常被使用。

虽然欧洲人的队伍可能已经深入探索了北美大陆，但他们主要定居在沿海地区，一个多世纪以来并没有真正尝试殖民阿巴拉契亚山脉的远侧。因此，他们早期都是与沿海地区的美洲原住民部落进行互动。

目前还不清楚美洲原住民何时首次进入大西洋沿岸地区，很可能在冰原退去到足够程度时就开始了小规模的开拓。这片土地的特点是广泛的林地塑造了定居在那里的人们的文化。林地为建筑提供了木材，也为狩猎提供了猎物和各种有用的植物产品。

东北部林地的人们发展了一种部落制度，这种制度可能起源于霍普韦尔文化。霍普韦尔文化在公元500年后衰落了，其原因很大程度上还不清楚。气候或文化的变化（或两者都有）可能促成了霍普韦尔传统的衰落。后续的密西西比文化有类似的社会结构，但比早期的狩猎 - 采集者群体更加分化。

密西西比文化的特点是推广农业，并采用弓而非长矛作为主要的狩猎武器。这可能是霍普韦尔文化消失的一个因素，弓的效率更高，再加上需要养活不断增长的人口，可能导致了过度狩猎和随后的猎物稀缺。无论情况是否如此，当时的猎人是能够独自捕获相当大的猎物的弓箭手，而不是投矛队的一部分。

密西西比人和林地文化（Woodlands Culture）

密西西比文化一直延续到欧洲人来到美洲大陆，并随着时间的推移而不断演变。阿巴拉契亚山脉远侧的东北林地的部落生活在大致相似的地形上，并与密西西比部落有接触，从而形成了大致相似的生活方式。

密西西比时代（Mississippian Era）的部落是典型的半游牧民族，他们虽然建立永久定居点，在土地上耕种，但经常离开家园，开始漫长的狩猎之旅。农业盈余允许大量的人口集中，并创造出了伟大的作品，如位于现在伊利诺伊州的卡霍基亚（Cahokia）的土丘建筑群。考古学家在这个地方发现了一个铜器作坊。

在卡霍基亚土丘建筑群建立之前，铜已经被用于制造工具或作为其他用途很多年了。有证据表明，在密西西比文化兴起之前，就有原铜和用其制造的物品的贸易。早期的铜器制造是在不加热金属的情况下将铜块打成各种形状。然而，到了密西西比文化的中期——可能在这之前——铜匠们用与欧洲人相同的方式加工金属。

虽然有加工过的金属，但密西西比时期（从约公元500年到欧洲殖民者的到

密西西比文化将铜作为礼仪用品和装饰用品，例如这幅战士的脸部肖像，可以追溯到公元1000年左右。

来）的美洲原住民使用的多数工具仍是由传统材料制成的，如木材和骨头。即使在更耐用的金属制成的工具出现后，铜仍然是一种重要的礼仪用品。

密西西比文化在13世纪末开始衰落。卡霍基亚的土丘建筑群基本上被遗弃，人口重新分布在较小的群体中。目前还不清楚是什么导致了这种社会动荡：防御工事的出现表明此地发生了冲突，但不清楚这是原因还是结果。

可能是中世纪暖期（the Medieval Warm Period，公元950—1250年）的结束和随后的"小冰期"阻碍了密西西比文化和东北部林地的类似群体的食物生产。虽然这引起了一些动荡，但整个社会系统仍然保持完整。

前哥伦布时代（即与欧洲人接触之前的时期，以克里斯托夫·哥伦布"发现"美洲为标志）晚期的美洲原住民有一个等级分化的部落社会。部落的首领和领导人管理自己的人民，但部落通常是一个更大的联盟的一部分。在欧洲人到达北美大陆时存在的联盟中，组织得最好的是易洛魁联盟。

欧洲闯入者

欧洲探险家"发现"了美洲后，殖民者就不可避免地跟着来了。他们的理由各不相同：一些人寻求自由，传播他们的宗教，以远离欧洲常见的无休止的战争、迫害和压制；其他人则是来寻找财富——金银、糖和毛皮。一些人在新的家园中寻找

在中世纪暖期，密西西比文化建立了大型定居点，并开展了雄心勃勃的建筑项目，特别是卡霍基亚土丘建筑群。

罗阿诺克（Roanoke）的殖民者所刻的"克罗托安"（Crotoan）一词可能表明他们搬迁到了克罗托安岛，但没有进行过搜索。

机会，或出于民族自豪感而开辟出一个定居点。

欧洲人倾向于在他们的探险家最初到达的地方定居。西班牙人最初探索了加勒比海的岛屿和海岸，并在那里定居，然后在南美洲建立了更多的殖民地。葡萄牙人主要殖民了现在的巴西，而法国人对北美和南美以及加勒比地区都有兴趣。英国殖民者在北美的东海岸登陆。大多数早期殖民地在天然港口或在通航河流旁定居，扩张最初也是沿着河流进行的。

一些大国试图在某些地区殖民，但并非所有这些殖民地都能幸存下来。如葡萄牙人在加拿大地区的尝试并不成功。食物短缺、计划不周和疾病可能使殖民地瘫痪，或者由于资源开采或运输方面的困难，该地区的殖民可能在经济上不可行。

政治也起到了一定的作用。殖民地成为欧洲列强讨价还价的筹码，一场战争后，一个糖岛易手的解决方案可能比许多其他协议更为可取。即使在相对和平的时期，也有一些冲突，从海盗和私掠到殖民者之间的地方争端——这些争端可能与更广泛的政治局势无关。

欧洲殖民者与美洲原住民的冲突是不可避免的，尽管他们不一定是故意的。欧洲人不仅发现自己在与原住民作战，而且还卷入了对方的争端和冲突。原住民战士加入了欧洲殖民战争，殖民者偶尔也会被卷入原住民部落之间的冲突。

欧洲殖民者的到来对东海岸的原住民来说可能并不那么令人惊讶。探险家在该地区活跃了一段时间，而且可能与渔民有间歇性的接触。殖民最初是小规模的，并没有让美洲原住民感到担心，他们在很多情况下都欢迎新来的人，有时还帮助他们。

英国在罗阿诺克岛的第一次殖民尝试是一场彻底的灾难。虽然来自殖民地的报告说取得了巨大的成功，但实际情况似乎并非如此。由于与西班牙存在冲突，殖民者缺乏食物和来自英国的支持，多年来他们只能自生自灭，当一支新的探险队到达该岛时，已经没有了他们的踪迹。尽管没有战斗的痕迹，他们被认为可能与当地居民发生了冲突，因而消失。殖民者完全有可能

对清教徒而言，对美洲的殖民从登陆的那一刻起就是一场斗争，如果不是当地部落的帮助，他们可能会彻底失败。

"在艰难地度过第一个冬天后，新的殖民者与当地人联系上了。"

饿死或迁往其他地方。

英国人第一次成功的殖民尝试是在弗吉尼亚的詹姆斯堡（后来的詹姆斯敦）。1607年登陆后，新的殖民者发现自己处于波瓦坦（Powhatan）联盟的领土内。在疾病和饥饿的折磨下，詹姆斯敦的殖民者在帕斯帕赫（Paspahegh）部落的帮助下才得以生存，但很快就与他们发生了冲突。

同样，1620年抵达的"五月花"号探险队的清教徒（Pilgrims）也遭受了疾病和食物短缺的困扰。值得注意的是，他们带来了几门大炮，尽管不清楚他们是否认为当地居民或其他欧洲人是最大的威胁。在艰难地度过第一个冬天后，新的殖民者与当地居民联系上了。

两边的人都知道对方有一段时间了，印第安战士观察到殖民者建立定居点的困境和显而易见的紧张。他们因饥饿和疾病而变得虚弱，并且在一块陌生的土地上面临威胁。然而，双方第一次真正的接触几乎是随意且友好的。

一个阿贝纳基（Abenaki）部落的成员与他们进行了接触，他从在现在的缅因州活动的捕兽人和渔民那里学到了英语。他曾访问过欧洲，知道殖民者是英国人。一旦建立了关系，当地人就向殖民者赠送食物，而且——从长远来看更重要的是——教他们如何在他们定居的土地上从事生产。尽管如此，殖民者还是处于饥饿的边缘。一支为殖民地提供补给的探险队分散了，最终在经历百慕大冒险后抵达。情况非常糟糕，殖民者决定放弃詹姆斯敦，但路上遇到了另一支运送物资的船队，于是回到了他们的新家园。

殖民者逐渐成为美洲政治版图的一部分。在原住民和殖民者群体方面，最初没有明确的"我们和他们"的区别。殖民者与一些美洲原住民部落结成联盟或发生冲突，同时得到帮助或帮助对方。复杂的部落间政治和对彼此文化的不了解导致了误解，有时会把事件的原因归咎于错误的部落或殖民地。随着殖民者的扩张和对更多土地的需求，他们的人数越来越多。从偶尔的小规模冲突扩大到公开宣战。

波瓦坦联盟

波瓦坦联盟由波瓦坦部落领导，约有30个其他部落以共同的语言和文化联系

The manner of makinge their boates. XII.

He manner of makinge their boates in Virginia is verye wonderfull. For wheras
they want Inftruments of yron , or other like vnto ours, yet they knowe howe to
make them as handfomelye , to faile with whear they lifte in their Riuers, and to
fifhe with all, as ours. Firft they choofe fome longe , and thicke tree , according to
the bignes of the boate which they would frame , and make a fyre on the grownd
abowt the Roote therof, kindlinge the fame by little , and little with drie mofse of trees, and chipps
of woode that the flame fhould not mounte opp to highe, and burne to muche of the lengte of the
tree· When yt is almoft burnt thorough, and readye to fall they make a new fyre, which they fuffer to
burne vntill the tree fall of yt owne accord. Then burninge of the topp , and bowghs of the tree in
fuche wyfe that the bodie of thefame may Retayne his iuft lengthe , they raife yt vppon potes laid
ouer crofſwife vppon forked pofts, at fuche a reafonable heighte as rhey may handfomlye worke vp-
pó yt. Then take they of the barke with certayne fhells: thy referue the, innermoft parte of the lenn-
ke , for the nethermoft parte of the boate. On the other fide they make a fyre according to the
lengthe of the bodye of the tree , fauinge at both the endes. That which they thinke is fufficientlye
burned they quenche and fcrape away with fhells, and makinge a new fyre they burne yt agayne, and
foe they continne fomtymes burninge and fometymes fcrapinge , vntill the boate haue fufficient
bothowmes. This god indueth thife fauage people with fufficient reafon to make thinges necefsarie
to ferue their turnes.

波瓦坦印第安人正在制作独木舟。线雕画，1590年，由西奥多 · 德 · 布赖（Theodor de Bry）创作。

制造船只的方式：XII

他们在弗吉尼亚造船的方式非常奇妙。因为他们虽然缺少铁器或其他类似的器具，但他们知道如何把船只做得和我们的一样漂亮，在他们的河流中航行，和所有人一起捕鱼，就像我们一样。他们会根据要造的船的大小选择一些长而粗的树，并在其根部附近的地上生火，用干苔藓和木屑点燃，使火焰不至于升得太高而烧到树干。当它完全烧完，他们又生起一个新的火堆以继续烧下去，直到树自己倒下为止。然后他们再把树顶和枝丫烧掉，使树身保持应有的长度，他们通过铺在地上的罐子把树身升起来，放在叉柱上，放在合理的高度，以便他们能在上面工作。他们用贝壳把树皮刮掉；然后，他们把最里面的部分保留下来，作为船的最下面的部分。另一方面，他们按照树身的长度生火，在两端燃烧。当他们认为烧得很充分时就用贝壳熄灭火堆并刮掉残余，再生起新的火堆，再次燃烧，然后继续烧继续刮，直到船的两边都可以了。上帝赋予那些野蛮人足够的理智去做一些必要的事，以满足他们的需求。

在一起。该联盟是一个文化群体的一部分，现代历史学家根据其共同的语系将其称为阿尔冈昆人（Algonquian）。阿尔冈昆语及其前身，即原始阿尔冈昆语，在东北部地区至少有2500年的使用历史。

波瓦坦人通常把村庄建在河边，用树皮覆盖的轻型木框架建造长屋。他们开垦土地，种植玉米、豆子和烟草，并使用船只捕鱼。这些船多为独木舟，由一根大木头挖空而成。妇女们在家附近照看庄稼和居所，男人们则打猎取肉，并收集其他食物，如坚果、水果、贝类和根茎类蔬菜。狩猎也为波瓦坦人提供了衣服，鹿皮被用来制作软皮鞋和其他衣服，毛皮被用来制作斗篷，尊贵的人则可能会穿上羽毛做的斗篷。

波瓦坦人的武器与其他部落的武器相似。弓是主要的狩猎工具，必要时使用刀、战斧和矛。在战争中，狩猎的技巧被用来对付敌人。波瓦坦人生活在一片茂密的森林中，他们以经验丰富的猎人的速度和隐蔽性在森林中移动。突袭和伏击是标准的战术，战队快速出击，如果形势对己不利，则迅速撤退。

在欧洲殖民者到来时，波瓦坦联盟的首领是瓦洪森纳卡瓦（Wahunsenacawh），通常被简单地称为波瓦坦。他的父亲给他留下了一个由六个部落组成的联盟，到1607年，他将这个数字增加了四倍。作为一个精明的统治者，波瓦坦希望在不发生冲突的情况下控制住殖民者，宁愿与他们进行贸易也不愿打仗。

> "波瓦坦人生活在一片茂密的森林中，他们以经验丰富的猎人的速度和隐蔽性在森林中移动。"

波瓦坦试图与殖民者保持友好关系，甚至尝试将殖民者收归麾下。暴力事件确有发生，而且波瓦坦很愿意把突袭作为"胡萝卜加大棒"政策的一部分。在冲突进行的间隙，他与殖民者进行谈判，用食物换取欧洲制造的工具。詹姆斯敦殖民地的赞助商弗吉尼亚公司试图通过给波瓦坦戴上王冠来控制他和他的人民，承认他是他的人民的国王，使之对英国王室感恩戴德。

波瓦坦接受了礼物，但他并没有成为一个顺从的统治者。他确实继续促进了与殖民者的良好关系，允许他的女儿马托卡（Matoaka）嫁给殖民者中的领袖约翰·罗尔夫（John Rolfe）。他们的关系一开始并不特别友好，马托卡被殖民者扣为人质，目的是用她来交换他们被俘的一些人。

几乎可以肯定波瓦坦把这桩婚姻当作一个有用的政治赌注，且这种或多或少的和平状态持续了一段时间。马托卡——以她那略带冒犯性的绰号"波卡洪塔斯"（Pocahontas，被宠坏的孩子或顽劣的人）而闻名——陪同她的丈夫到英国旅游，以争取对殖民地的支持。她在那里死于一种疾病，可能是天花。

关于马托卡救了波瓦坦俘房、英国殖民者约翰·史密斯（John Smith）一命的传说其实是后人杜撰的。史密斯远没有处于被处决的边缘，他还受到了波瓦坦人的礼遇，根本不需要马托卡的救援，马托卡在当时还是一个孩子。以自己的名字命名波瓦坦联盟的、强大的、有时很苛刻的首领不太可能以这种方式改变他的行动路线。当然，史密斯和他所谓的拯救者之间并没有什么浪漫的故事。当马托卡在伦敦遇到他时，据说她当众冷落了他，而关于她来救他的说法是在史密斯被俘几年后才出现的。史密斯当时的报告并没有提到这一点。

"波卡洪塔斯"的故事大多是虚构的，这促使人们对殖民者和美洲原住民之间的早期接触产生了误解。情况很复杂，各方都有自己的需求和议程。有些决定是出

瓦洪森纳卡瓦酋长,因其统治的部落联盟而被称为波瓦坦。他是一位精明的政治家,试图控制欧洲殖民者。

于坏的原因——也许是贪婪，或是渴望冲突的刺激，或有机会展示战斗力，或蔑视另一群体的生活方式。大多数人的动机是认为有必要或有政治利益。事实上，17世纪初北美的局势符合那句老话，即立场决定看法（only being simple if you pick a side）。它可以最公平地描述许多因素之间的复杂互动，在政治上是灰色的，而不是简单的黑与白。

波瓦坦酋长试图通过切断贸易来获得对詹姆斯敦殖民者的控制，因为他知道他们依赖他的人民来补充粮食生产的不足。这导致了后来所谓的"饥饿期"和殖民地被暂时放弃。然而，殖民者得到了补给并继续扩张。他们让牲畜在耕地上肆意游荡，对农作物造成了严重的破坏。这可能不是故意的，但由于美洲原住民实行的是一种恰到好处的粮食生产方式，因此影响很大。

冲突和相对和平的循环一直持续到1618年波瓦坦去世，1609—1614年间被称为第一次波瓦坦战争。此时，詹姆斯敦的殖民地已经扩大，并且正在发展基于烟草生产的经济。波瓦坦的兄弟奥佩查诺夫（Opechancanough）决定摆脱殖民者，从而

波瓦坦酋长的女儿马托卡在与约翰·罗尔夫结婚前接受了洗礼，取名为丽贝卡（Rebecca），但她更多是以"波卡洪塔斯"这个贬义的绰号而闻名。

1622年波瓦坦人的突然袭击被称为詹姆斯敦大屠杀，并最终导致詹姆斯敦成为一个王室殖民地。

引发了一系列的战争。敌对行动以对殖民者的突然袭击拉开序幕，殖民者的1200人中约有四分之一被杀。

事实证明，大炮在早期的冲突中起到了决定性作用。1607年对最初营地的攻击被探险者船上的大炮击溃，定居点选址部分取决于是否有山丘可供安装炮台。殖民者再一次击退了攻击，而当消息传到英国时，激起的反应产生了深远的影响。最终，弗吉尼亚公司被解散，詹姆斯敦成为一个王室殖民地。现在与其说波瓦坦人是在与由从事私人活动的人组成的民兵对抗，不如说他们是在与英国王室对抗。

第二次波瓦坦战争（1622—1632年），最初是殖民者以武力突袭的形式破坏当地的粮食生产。游牧的狩猎 - 采集者可以搬迁或到其他地方打猎，但波瓦坦人是一个主要依靠农业的定居民族。实现和平的尝试在背叛中崩溃，殖民者袭击了和平代表团，以报复波瓦坦人在最初袭击中对其造成的伤亡。

第二次波瓦坦战争结束后，波瓦坦人被从其大部分领土上赶出。他们在1644年发起了新的攻势，最初取得了成功。尽管伤亡惨重，但波瓦坦人还是没能将殖民者赶走，并在殖民者的反攻中失去了更多的领土。殖民者的这些成果通过建造堡垒得以保留。

据了解，弗吉尼亚殖民者在殖民地早期就获得了奴隶，但最初可能是把他们当作契约工人，最终仍会给他们自由。然而，到了1640年，殖民地开始实行奴隶制，美洲原住民俘虏也被当作奴隶出售。1645年被俘的奥佩查诺夫本人没有遭受这种命运，而是被殖民者杀害了。他的继任者努康特瓦斯（Necotowance）在第二年与殖民者达成了一项条约。

波瓦坦战争为殖民者和美洲原住民之间未来的互动和冲突奠定了基调。突袭和屠杀造成了仇怨，许多殖民者感到的不信任和仇恨被转移到其他原住民群体身上。新来的人有时不知道——或者根本不在乎——他们在与不同的部落甚至整个联盟打交道。然而，这并没有造成完全的"我们和他们"的局面——殖民者和原住民联盟都愿意在与对手的斗争中利用对方。

奥佩查诺夫酋长被英国人俘虏时已经是一个年老多病的人，他斥责俘虏他的人说，如果处境互换，他会更好地对待他们的领导人。

佩科特战争

佩科特人（Pequot）是欧洲殖民者遇到的第一批部落之一，居住在现代康涅狄格州的泰晤士河谷。佩科特人与莫希干人（Mohegan）结盟，后者于1632年反抗他们认为不平等的伙伴关系。这次叛乱的领导者是安卡斯（Uncas），他认为自己应该领导联盟部落。他的叛乱失败了，但随着时间的推移，他与该地区的英国殖民者建立了联系，希望能得到他们的支持。

佩科特人和殖民者之间的关系最初是友好的，但殖民者对佩科特人领地的侵占加剧了双方的紧张局势。一系列的暴力事件发生了，绑架和谋杀引发了同等报复或对村庄和定居点的破坏性袭击。

佩科特战争的重点是塞布鲁克堡（Fort Saybrook），这是一个在1635—1636年

攻击神秘河（Mystic River）上的佩科特人据点的作战示意图，展示了殖民时期的火枪手和他们来自莫希干部落的盟友。

建造的设防定居点。它基本上被包围了，尽管不完全是欧洲战争意义上的围攻。佩科特人在该定居点附近保持着小规模的战斗，并攻击任何从堡垒出来或试图到达该堡垒的人。守卫者用大炮和他们自己的突击队作为

"目睹了神秘河袭击的莫希干人和纳拉甘塞特人的战士们发现欧洲人的野蛮战争令人厌恶。"

回应，导致了几个月的小规模冲突，在此期间，双方都了解了对方的战斗方式。

随着佩科特人对其他定居点的袭击越来越严重，殖民者组建了一支民兵并发起了一次惩罚性的远征。其目的是要摧毁佩科特人的庄稼和附近的定居点。在此过程中，他们得到了纳拉甘塞特（Narragansett）部落和莫希干战士的帮助，这种情况可能最好被描述为"敌人的敌人就是我的朋友……而且很可能不过如此"。

1637 年 5 月出发的远征队可以作为当时政治的一个缩影。纳拉甘塞特人和莫希干人很可能认为自己很幸运，找到了一些愿意与他们的敌人对战的外国人，他们基本上是把英国民兵当作雇佣兵来使用；英国人则认为他们为自己的战役招募到了一些有用的向导和额外的散兵。

佩科特人在神秘河的据点受到了这支联合部队的攻击，其中一部分人设法进入寨栅。在那里，入侵者不占优势，他们在试图挣脱时放火烧了村子。随后的大火杀死了数百名佩科特人，而那些设法逃脱的人一到防线外就遭到了攻击。

在神秘河大屠杀之后，远征队在撤退时遭到了那些来不及保卫据点的战士的反复攻击。这些攻击被击退，双方损失惨重。最终的结果是佩科特人的力量被削弱，幸存者试图离开该地区，但很少有人成功。该部落基本上不复存在，剩下的人被吸收到了其他部落。

目睹了神秘河袭击的莫希干人和纳拉甘塞特人的战士们发现欧洲人的野蛮战争令人厌恶，但认为有必要维持他们的联盟。1637 年，随着佩科特战争的结束，一种不安的和平开始了，尽管到处都有小规模冲突，但康涅狄格地区近四十年间没有出现殖民者和美洲原住民之间的重大冲突。

佩科特战争中的英国民兵指挥官约翰·梅森上尉（Captain John Mason）曾有过参加欧洲战争和作为海盗猎手的经验。

一幅1664年的法国版画,展示了易洛魁人村庄的日常生活。这个开放式的长屋本来是几个家庭的家。

旺普姆（Wampum）

旺普姆是一种圆柱形的串珠，由海螺壳制成，被用来制作具有各种仪式功能的带子，特别是用来展示一个人的能力或可信度。传说中，易洛魁人伟大的"和平缔造者"（Great Peacemaker）用旺普姆来编码信息。赠送一条旺普姆带代表着记录一个重要事件或对个人成就的认可。

在易洛魁人中，旺普姆被作为酋长和部族母亲（clan mothers）的徽章，并被信使作为证明他们携带有效信息的证据。旺普姆成为一个重要的贸易物品，也许不可避免的是，工厂开始为贸易而大量生产旺普姆。这降低了它的经济价值，但在社会上它仍然是一个重要物品。

肖尼族（Shawnee）的旺普姆带。在仪式上赠送旺普姆带是一种尊重的表现，也是解决部落间问题的一个重要方式。

易洛魁联盟

易洛魁联盟最初由五个部落组成，后来变成六个。这五个部落，即塞内卡人（Seneca）、卡尤加人（Cayuga）、奥农达加人（Onondaga）、奥尼达人（Oneida）和莫霍克人（Mohawk），他们在语言上相互关联，但与周围的部落没有关系，这表明他们相对是东北部林地的新来者。易洛魁人可能与切罗基人（Cherokee）有关，他们与切罗基人在语言上有一些相似之处。

尽管易洛魁人的起源与邻居们可能相隔甚远，但他们的生活方式相似。他们居住在类似的用树皮覆盖的长屋中，并将自己称为"长屋人"（Haudenosaunee）。

一座长屋可能有20个家庭，男人结婚后会和他们的新婚妻子一起搬进去。

他们的社会是母系社会，部族成员身份是基于女性祖先的血统，多个部族组成一个部落。部落中的女性长者拥有巨大的权力，尽管酋长是男性，但他是由女性长者挑选的，表示其地位的仪式物品是女性长者的财产，而不是酋长的。

欧洲人首先开始在易洛魁人的领地内定居，即现在的纽约州，他们的力量随着时间的推移而增加，进而开始主宰更广泛的地区。易洛魁联盟（也被称为易洛魁同盟）是由一个被称为"和平缔造者"的人建立的，他通过把一捆箭绑在一起来证明一个团体的力量：一支箭很容易被折断，但绑在一起就很难被折断。这一概念与一些欧洲社会，特别是罗马帝国所信奉的概念相似，但这个联盟是在与欧洲人接触之前很久就形成的，因此这一想法一定是独立发展的。

"和平缔造者"规定了管理联盟及其成员部落的法律和习俗，被称为"和平大法"（Great Law Of Peace），建立了一种由50名被称为霍亚纳（Hoyaneh）或萨克姆（Sachems）的人管理的民主制度。他们组成一个大议会，通过协商制定法律和作出判决。与部落首领一样，霍亚纳也是男性，但他们是经过挑选的，可以被部族母亲解除职务。

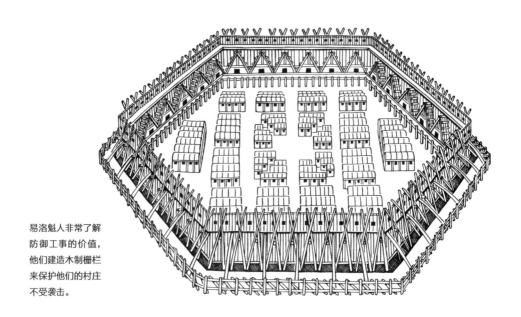

易洛魁人非常了解防御工事的价值，他们建造木制栅栏来保护他们的村庄不受袭击。

在1660年的朗索尔（Long Sault）战役中，易洛魁战士们临时制作了木质防弹盾，以掩护他们在法国守军的火枪下前进。

尽管易洛魁人受"和平大法"的约束，但他们是坚强的战士。这是出于必要，因为他们周围到处都是潜在的敌人。在"和平缔造者"建立联盟之前，他们互相争斗。一旦联盟建立起来，针对邻近部落的战争就很常见。他们受攻击的威胁足够大，因此易洛魁人用木制栅栏加固他们的村庄。他们半永久性的定居点容纳了几百到3000人不等。每隔30年左右，随着树皮等自然资源的枯竭和土地逐渐退化，村庄会被重新建立。

欧洲人的到来打破了当地的权力平衡。休伦（Huron）和莫希干部落在贸易中获得了火器，并使用它们来对付易洛魁人。武器上的劣势被高度稳定的易洛魁联盟的军事能力抵消。虽然各成员部落并不总是和睦相处，但它们有一个解决争端的系统，并有使用该系统的动机。这使联盟能够团结一致对外，这种团结是其他部落群体无法比拟的。

美洲原住民战略

美洲原住民战略不关注地理目标，一旦敌人被打败或被赶出去，就可以使用他们的土地，但没有必要占领和坚守阵地。同样，除了保卫一个定居点外，如果胜算不大，也没有必要战斗。但美洲原住民战士会主动突袭和伏击他们的敌人，按照自己的方式作战。

美洲原住民的战略是围绕削弱敌人的战斗意志和经济能力而制定的。这两点都是通过突袭实现的。直接攻击欧洲人建立的堡垒或设防的定居点成本很高，而且不一定有效。这种攻击有时也会发生，但美洲原住民更愿意让周围的郊野变得非常危险，并把敌人围困在堡垒中。

只要有好处，与敌方战队作战是一种可以接受的战术，但在大多数情况下，美洲原住民攻击的是相对薄弱的目标，如小型定居点。袭击没有军事意义的孤立的农场并不是出于怨恨，其目的是使该地区的敌人无法生存，并降低他们养活自己的能力。尽管在某些情况下他们是怀着复仇的心理采取行动。被俘的妇女和儿童通常被吸收到部落中，而男人则被使用酷刑杀死。

这引起的恐惧不仅有助于诱使敌人放弃战斗，而且使人们害怕出去打猎，甚至害怕在土地上工作。欧洲人在他们的堡垒中可能得到很好的保护，但如果他们不能从毛皮贸易中赚钱，甚至不能收获他们的农作物，那么他们留在新世界就没有意义。美洲原住民不需要在战场上击败新来者，除非他们自己的定居点受到威胁。他们所要做的就是让敌人在土地上难以生存。

这种策略与对付其他部落的策略没有什么不同，而且与欧洲人喜欢的策略——强调对领土的控制略有不同。美洲原住民的做法不是占领土地，而是施加影响。在一块地上插着谁的旗帜并不重要，重要的是谁能在那里活动。

袭击不仅造成了伤亡，破坏了殖民者的经济，而且使殖民者担心每棵树后面都潜伏着一支突击队。

海狸战争

从1642年到1698年发生的一系列冲突确立了易洛魁人在东北部林地地区的主导地位。这一时期被统称为海狸战争时期，易洛魁人与法国殖民者以及其他几个本地部落发生了冲突。

对定居点的攻击，如1689年8月对加拿大拉钦（Lachine）地区的攻击，其特点是屠杀和破坏。易洛魁人对征服不感兴趣，只对打败他们的敌人感兴趣。

　　法国人最初在大浅滩建立了一个捕鱼点，然后向内陆移动寻找毛皮。他们与当地部落结成联盟，总体上与后者相处融洽，法国人向部落提供武器以换取毛皮。这增加了易洛魁人的压力，他们对敌人日益强大的力量感到担忧，希望控制毛皮贸易。

　　欧洲商人尤其热衷于获得海狸皮，并愿意用枪支和工具来交换。这些反过来又使狩猎更加高效，直接导致当地的海狸数量减少。易洛魁人向他们的敌人，如休伦人开战，以获得进入他们的狩猎场的机会，并使欧洲贸易经过他们的领土。

　　冲突始于易洛魁人对休伦人村庄的袭击，到1649年时，休伦人被赶到了北方。法国人随后开始与渥太华人（Ottawa）进行贸易，导致冲突升级和扩大。易洛魁人对法国定居点的袭击开始了，并持续了几年，但没有取得决定性的结果。与此同时，易洛魁人正向西推进到大湖区和密西西比河流域，取代了一些部落，吸收了其他部落。其中一些部落，如拉科塔人（Lakota）搬到了大平原上，这迫使他们的生活方式发生了重大变化。其他人则试图寻找新的领地，经常与他们遇到的部落发生二次冲突。

法国人的回应是部署正规部队，对易洛魁人的领土进行惩罚性远征。尽管易洛

"与此同时，易洛魁人正向西推进到大湖区和密西西比河流域，取代了一些部落，吸收了其他部落。"

魁人在面对大规模有组织的部队时，通过小规模的战斗和撤退避免了失败，但他们无法阻止他们的家园和农作物遭到破坏。粮食短缺最终迫使易洛魁人就和平条约进行谈判，该条约持续了数年之久。在此期间，一些法国士兵撤退了，而法国殖民地建立了民兵制度。

马萨索伊特酋长试图与欧洲殖民者保持和平关系，于1621年签署了一项和平条约，但最终未能阻止战争。

1683 年，和平崩溃了，核心问题还是对毛皮贸易的控制。双方曾一度互相攻击对方的定居点，但不断变化的政治局势迫使法国人寻求和平结束这场战争。他们在新世界的真正敌人是英国人，突袭和反突袭的不断循环只会耗尽他们的力量。1701 年，美洲原住民部落、英国和法国殖民者之间签署了一项条约。根据其条款，易洛魁人允许一些流离失所的部落返回其土地。

1722 年，易洛魁的五个部落又加入了第六个部落。原本属于现在的北卡罗来纳州的塔斯卡罗拉人（Tuscarora）被英国人在该地区的扩张推向了北方，最终加入了易洛魁联盟。一些文件称该联盟在 1722 年之前为"五族"，之后为"六族"。

菲利普国王之战

在与英国殖民者建立关系后不久，万帕诺亚格人（Wampanoag）的酋长马萨索伊特（Chief Massasoit）找到了他们。马萨索伊特与新来者建立了良好的关系并促进了贸易。尽管不断扩大的殖民地对他的领地的侵占越来越多，他还是能够维持和平，但当他的儿子瓦姆苏塔（Wamsutta）继任时，局势已经紧张到了不可接受的程度。

瓦姆苏塔几乎没有机会控制局势，他在 1662 年去世，距其父亲去世仅一年。部落的领导权传给了梅塔科姆［Metacom，有时被称为梅塔科米特（Metacomet）］，他被英国人称为波卡诺克特的菲利普（Philip of Pokanoket）或菲利普国王。殖民者用枪支和其他物品与美洲原住民部落交换土地，然后要求归还枪支，以维持和平。

十多年来，梅塔科姆在与殖民者的交涉中取得了成功，通过让他们担心战争的爆发，确保他们在谈判中不会苛求太多。最终，在 1675 年，战争还是开始了。触发事件是殖民者在普利茅斯以谋杀罪处决了三名美洲原住民，战争一触即发。由此产生的冲突被称为菲利普国王之战。在战争中，一个部落联盟——阿贝纳基、纳拉甘塞特和尼普穆克（Nipmuc），以及梅塔科姆自己的万帕诺亚格——与殖民者对峙。第一年，欧洲人用大约 3000 人的伤亡换取了大约 600 名原住民战士的折损。

虽然一开始取得了成功，但梅塔科姆的联盟在后勤和其他方面都失败了。由于他的部队越来越难获得食物，士兵们纷纷开小差，使梅塔科姆的力量大为减弱。他退到了希望山（Mount Hope），但被他的敌人发现并抓获。战争以梅塔科姆被斩首而结束。他给殖民者带来的恐惧使他被砍下的头颅在接下来的25年里一直在普利茅斯展出。

17世纪早期的火器

第一批进入新世界的探险家和殖民者的武器是滑膛火绳枪，既不易瞄准也不容易携带。这种武器主要用于防御行动，从壁垒后面射击，或在大规模编队中向另一个成建制的单位等大型目标射击。它们缺乏在北美森林中射击所需的准确性、精确性和反应能力。

这些是17世纪初被用来对付美洲原住民战士的枪支，也是被原住民战士使用的枪支，虽然从1650年左右开始被更好的燧发枪取代，但在许多地区仍被继续使用。这一方面是由于获得新武器的费用和困难，另一方面是由于那些获得新一代枪支的人有可能通过将他们的旧枪卖给愿意付钱的人来抵消获得新枪的成本。

顾名思义，火绳枪依靠的是与火药接触的缓燃引线。点燃火药并不是即时的，而且往往根本引发不了，再加上武器的重量和笨拙，使得它几乎不可能击中移动的目标。

拿着弓的美洲原住民战士比拿着火绳枪的欧洲人有许多优势，至少在野外是这样。他可以更迅速地改变位置，更迅速地射击，而且射程更远、精度更高，至少有一定的机会击中一个疾驰的目标。直到改进后的火器的发展，这种优势才发生了变化。

火绳枪是一种笨拙而不易瞄准的武器，尽管一些美洲原住民战士足够熟练地用它来狩猎海狸。

美洲原住民战术：布拉多克战场之战

1755年7月，布拉多克将军（General Braddock）领导的一支英国正规军向位于现在的宾夕法尼亚州的法国杜肯堡（Fort Duquesne）进发，后来的行动就是以他的名字命名的。他的远征得到了当地民兵和一位名叫乔治·华盛顿（George Washington）的年轻民兵上校的增援。对抗这支部队的是法国军队、在现在的加拿大组建的民兵和原住民盟友。

英国正规军纪律严明，作风稳健，他们刚从爱尔兰过来，并不习惯在美洲作战。他们缺少原住民侦察兵，因为布拉多克将军认为没有必要招募他们。他带着一支快速纵队迅速前进，增援部队带着大炮和辎重车紧随其后。

法国人试图拦截布拉多克的前进，并设下埋伏，但被他使用的快速纵队扰乱，导致了一场遭遇战。虽然对方人数众多，但法国人和美洲原住民部队的优势是了解地形，他们在树丛中射击并不停变换位置，使他们的人数看起来更多。英国人试图使用更适合欧洲战争的战术并部署了严密的战斗阵型，但结果是成功地使自己成为散兵的目标。当一些英国殖民者的民兵分散到隐蔽的位置

英国人在独立战争中试图重复布拉多克战场的战术，但乔治·华盛顿在那里学到了关于美洲战争的宝贵一课。

时，正规军误认为他们是敌人而向其开火。

尽管坚守了大约三个小时，但当布拉多克受了致命伤后，英国正规军开始撤退。他们的逃脱归功于两个因素：乔治·华盛顿的领导和弗吉尼亚民兵的后卫行动，他们采用了与敌人相同的战术。

布拉多克的快速纵队在支援部队的帮助下回撤，尽管毁掉了许多大炮和大量物资，以防止它们落入敌手，但士兵们还是逃过了这场灾难。这一行动是许多行动中的一个，表明在美洲，有效的战争需要采用生活在那里的人所使用的战术。乔治·华盛顿并没有忘记这一教训，几年后在美国革命期间，他将其运用于实践。

法印战争

1754—1763年的法印战争是在欧洲列强之间进行的，但对美洲原住民产生了深远的影响，并涉及战争双方的众多部落。欧洲人倾向于将当时发生在"新世界"的事件视为七年战争（1756—1763年）的延伸，而七年战争的发生是由于参战者在早期冲突中的领土损失。英国和法国发现彼此处于对立面，只要他们的利益或领土相近，就会发生冲突。在印度和新世界都是如此。

肖尼族的佩塔·库塔（Payta Kootha）是一个熟练的猎人，也是一个游刃有余的外交家，他帮助解决本族村庄之间的争端。

虽然纳拉甘塞特人没有直接参与菲利普国王之战，但他们在1675年12月受到攻击，导致了后来被称为大沼泽之战的战争发生。

　　虽然在欧洲指挥官看来，他们很可能参与了一场争夺新世界霸权的斗争，而他们的当地盟友只是游戏中的棋子，但美洲原住民的观点在许多情况下是完全不同的。新来者之间的冲突是当地政治局势的一部分，可能被用来为一个部落或另一个部落谋利，也可能被视为与干旱或特别暴雨季无异的动荡，是需要艰难渡过和克服的事情。战争不是一个简单的正邪之间的问题，有许多派别，有复杂的联盟网、旧仇和对结果的希望。

　　法国人在瓦巴纳基（Wabanaki）联盟中找到了盟友，他们与法国殖民者保持着良好的关系，并且确实认为允许后者在某些土地上定居是有益的。这样一来，瓦巴纳基部落联盟在他们自己和与他们有冲突历史的部落之间以殖民者定居点为缓冲区——如果受到严重威胁，殖民者会有来自祖国的大炮和军队支持。法国人的其他盟友还包括肖尼族。

　　在欧洲人向美洲扩张的时候，肖尼人在俄亥俄河流域拥有广阔的领土。他们的半游牧社会以农业为基础，主要种植玉米，并可能源自霍普韦尔文化。在1700年左右，肖尼人建造了土丘建筑，也使用了之前社会的建筑结构，如古堡遗址。这些土丘建筑群是仪式性的，而不是防御性的场所。

肖尼人的住所是圆形结构，通常被称为维格沃姆（Wigwams），在东北部地区被称为维库姆斯（Wikkums），在更西部地区被称为维基阿普（Wikiup）。建造时使用树苗制成的杆子，并向内弯曲，形成一个圆顶，在圆顶上覆盖着树皮或其他材料，如皮毛。因为维格沃姆是第一个被发现的此类结构，人们倾向于将它用于描述美洲原住民建造的任何模糊的类似的住所。

肖尼人的服装与生活在同一地区的其他部落的服装相似，尽管在欧洲人到达后，肖尼人采用了他们服装的一些元素。这些元素有时但并不总是被改变以适应他们的喜好，并且受到他们在其他新来者之前遇到的法国殖民者和商人的影响。

他们与法国殖民者的关系普遍良好，贸易互惠互利。然而，新世界的政治绝不是与旧世界的政治相分离的。法国和英国在许多问题上都有分歧，从领土和经济野心到宗教分歧。随着二者向美洲扩张，这些矛盾将不可避免地被带到一个新的战场上。

"⋯⋯瓦巴纳基以殖民者定居点为缓冲区⋯⋯"

独木舟和棚屋是东北部林地部落的特点，对自然资源进行了巧妙利用。

切罗基人建造木屋作为他们的家，而不是该地区许多其他部落使用的更轻便的庇护所。许多欧洲人的住所也采用了类似的设计。

　　英国人的盟友包括易洛魁人和切罗基人，他们在语言上有联系。人们普遍认为切罗基人是在4000—5000年前从大湖区迁移到东部沿海地区的。像许多其他美洲原住民一样，他们是母系社会，其中有专门的部族，为整个部落的利益而工作。鹿部族有最好的猎人，鸟部族提供精神指导，狼部族是部落的战士。

　　切罗基人建造木屋作为住所，而不是其他部落所喜欢的轻型建筑。与欧洲人的接触带来了毁灭性的流行病，但此后切罗基人在贸易方面获得了繁荣，并最终采用了欧洲人生活方式的一些元素。在法印战争爆发时，他们愿意与英国殖民者的民兵一起作战。然而，英国人却迟迟没有接受他们的援助。

英国挫败

在战争的早期阶段，英国殖民者屡次被法国人打败。1755年从法国人手中夺取杜肯堡的远征在布拉多克战场战役中以灾难告终，主要是由于法国人得到了他们盟友的援助，而英国指挥官却认为没有盟友也能胜利。非英国籍殖民者和原住民部落被驱逐出一些英国人确实取得了成功的地区，成为英国殖民者此后对待原住民的先例。

1757年8月，法国人在美洲原住民战士组成的混合特遣队的协助下，袭击了威廉·亨利堡（Fort William Henry）。据记载，当炮声在堡垒和攻城设施之间来回响起时，美洲原住民战士们正在享受烟火，由于没有得到救援，英国驻军指挥官同意以优厚的条件投降。

接下来的事情引起了很大的争议。英国驻军和民众被允许体面地列队出去，尽管他们的武器没有弹药，而且是在法国军队的护送下。目前还不清楚随后对驻军的攻击是否得到批准，也不清楚攻击发生的确切原因，但几支美洲原住民队伍袭击了投降的英国人并杀死了许多人，将其他人作为俘虏或奴隶带走。英国人的描述可能比现实中的屠杀更加夸大，但伤亡的确很严重。

可能是原住民战士们不明白发生了什么，以为他们的敌人逃走了，或者袭击可能是那些有怨恨的人所为，或者他们只是想打一架，也有可能是由仇恨、误解、少数头脑发热者的行动升级或这些因素的某种组合造成的。无论真相如何，这一事件使许多部落和殖民者之间存在的仇怨升级。

英国人在美洲战场和其他地方逐渐占了上风，最终英法签订了条约，确立英国对加拿大和北美大陆东部地区的控制。这对那些站在法国人一边或偏袒法国人的部落产生了严重影响。殖民者也受到了很大的影响，战争导致的沉重税收引起人们的不满。人们认为英国对美洲殖民地事务的管理不善以及由此产生的与美洲原住民部落的冲突，是使许多殖民者感到日益不满的另一个因素。这最终导致了美国革命的发生。

对投降的威廉·亨利堡驻军的攻击被描绘成嗜血的野蛮人的背叛行为，但背后的真正原因至今仍不清楚。

美国革命

"也许具有讽刺意味的是，许多部落都倾向于支持英国人试图控制殖民地的做法。"

对英国的不满最终导致殖民地宣布独立，这是英国王室所不能容忍的。美国革命虽然主要是欧洲人之间的冲突，但涉及大量的美洲原住民。也许具有讽刺意味的是，许多部落都倾向于支持英国人试图控制殖民地的做法。这源于英国旨在减缓殖民者向美洲原住民土地扩张的政策。

这些政策并非出于对原住民权利的重视，而主要是为了减少对毛皮贸易和其他经济活动的威胁。与原住民部落的战争成本很高，而且会破坏英国在新世界的努力成果，因此最好避免。相反，殖民者需要土地和资源来建立自己的经济，而不是供养母国的经济，因此更倾向于侵占美洲原住民的领土。

至少在战场上，殖民者比派来对付他们的英国正规军有优势。他们在与原住民

1777年8月，血腥的奥里斯卡尼（Oriskany）战役使美洲的效忠者和反叛者（双方都有美洲原住民盟友）相互对峙。

战士的战争中吸取了惨痛的教训，现在又运用这些教训来对付王室的部队。英国人纪律严明的队列很容易成为殖民地叛军射手的目标，而他们的排枪射击对个体目标火力过大，如果这些目标能被辨认出来的话。

当然，英国人在独立战争中吸取了教训，特别是需要派遣轻步兵和神枪手。以线膛枪（相对于滑膛枪）为武器的部队开始出现，尽管过了几年后，英国陆军才开始部署自己的正规线膛枪部队或轻步兵团，而不是使用外国部队充任这一角色。

英国人在部署严密的战斗或围攻设防城市的战斗中最有优势，但最终他们在美国人的顽强斗争和法国人的干预下被迫认输了。在随后的谈判中，双方都没有过度关注美洲原住民部落，尽管原住民战士作为侦察兵和辅助人员发挥了重要作用。

政治革命对原住民部落的影响不亚于其对殖民者的影响。易洛魁联盟出现了分裂，莫霍克人站在英国人一边，奥尼达人站在殖民者叛军一边。战争结束后，报复行动几乎是不分青红皂白的。支持殖民者叛军的部落与那些反对新兴美国的部落一起受到攻击。易洛魁联盟受到严重破坏，再也没有从这些事件中恢复过来。

印第安人搬迁

尽管美国革命中的许多知名人士对原住民的生活方式表示钦佩，而且在许多地方似乎也有真正的善意，但新美国对传统的美洲原住民土地的侵占越来越多。在许多人看来，解决办法只能是让印第安人搬迁。

一些部落同意搬迁，而其他部落则抵制。即使是那些自愿搬迁的人也遭遇了巨大困难，在许多情况下，强制执行移民安置的人的行为并不光彩。1787年《西北条例》（*Northwest Ordinance*）等文件对保护美洲原住民的土地和权利作出了规定，但随着时间的推移，这种态度发生了变化。1830年，《印第安人迁移法案》（*Indian Removal Act*）获得通过，该法案据称规定了自愿迁移，但也可以用来强迫部落迁移。许多部落开始被新兴的美国同化，从长远看来可能成为美国发展的重要组成部分。然而，尽管切罗基、奇卡索（Chickasaw）、乔克托（Choctaw）、马斯科吉（Muskogee）和塞米诺尔（Seminole）被称为五大文明部落，但却被从其祖先的土地上赶走，仅被授予密西西比河以西的领土。

首先被迫迁移的是乔克托人，尽管他们曾支持殖民地的独立斗争。乔克托人在

前往新家园的路上经历了许多艰难困苦，以至于这条路线被称为"眼泪与死亡之路"（trail of tears and death）。成千上万的美洲原住民死于疾病、饥饿、事故和敌对行动。他们的目的地在当时被称为印第安领地，或多或少包括密西西比河以西不属于现在的路易斯安那州或密苏里州的一切。该领土后来被缩小，以允许殖民者在大陆上扩张，大致相当于现代的俄克拉荷马州。

抵制搬迁的人中有塞米诺尔人，他们在18世纪中期迁入现在的佛罗里达州北部。塞米诺尔人愿意接收其他部落的难民、逃亡的奴隶和其他想加入他们的人，他们已经成长为一个强大的部落。他们在地势较高、较干燥的地方耕种，在家园周围的湿地打猎。

第一次塞米诺尔战争（1817—1818年）并不是为了争夺领土或迁移而进行的，而是美国政府为追回与塞米诺尔人生活在一起的逃亡奴隶而采取的行动。逃亡者被该部落接收，并得到了该部落的保护。战争中一些村庄被驱散，西班牙在该地区的财产被美国占据。

1778年7月的怀俄明战役是美国革命军面对英国军队和他们的易洛魁盟友的一次彻底失败。

燧发枪械

从17世纪中期到19世纪中期，燧发枪是标准的火器装置。燧发枪不是用缓燃引线与火药接触，而是通过燧石撞击产生火花点燃火药。这当然不是百分之百可靠，但是燧发武器无须点火就能击发，并能迅速投入战斗。这样就可以携带几支手枪以备使用，这对骑兵、旗手或可能发现自己处于战斗状态的个人来说非常有用。他们可以携带一支或多支燧发手枪作为备用，但长枪才是军事上的决定性武器，而且在打猎时最有用。

大多数燧发长枪都是滑膛枪，在100米（330英尺）左右的范围内还算准确，而且装弹和射击都比较快。燧发长枪仍然最适合对大队人马进行齐射，但熟练的使用者——如每天使用燧发枪的猎人——很可能能够击中移动的目标，如冲过树林的敌人。

燧发枪的各种变种，如短小的喇叭口雷铳、霰弹枪、双管甚至多管武器以及来复枪逐渐出现。来复枪装弹速度慢，但因为其弹丸与枪管紧密配合，枪口枪口初速更快，精确度也高得多。为大陆军生产的长型"宾夕法尼亚来复枪"有效射程在300米（985英尺）左右，并被所有能得到它的人珍视。

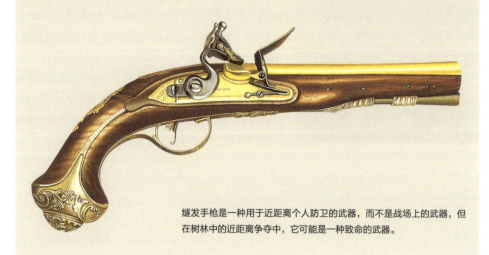

燧发手枪是一种用于近距离个人防卫的武器，而不是战场上的武器，但在树林中的近距离争夺中，它可能是一种致命的武器。

塞米诺尔战争

第二次塞米诺尔战争（1835—1842年）爆发时，该部落拒绝放弃作为保留地授予他们的土地并搬迁到密西西比河以西。在奥西奥拉（Osceola）的领导下，塞米诺尔人进行了长达七年的有效游击战争。其他部落在他们的家园受到攻击时被打败了，但塞米诺尔人撤退到沼泽地，使敌人找不到他们的非战斗人员，并伏击任何前来寻找的人。第二次塞米诺尔战争的早期阶段于1837年结束，当时奥西奥拉和其他酋长接受了和平谈判的邀请，但被不顾休战条件的敌人抓走。在这之后，战争时断时续，直到1842年大多数塞米诺尔人同意迁移才结束。第三次塞米诺尔战争（1855—1858年）只不过是一次清理行动，在这次行动中，剩余的塞米诺尔人被找到并最终同意向西迁移。一些塞米诺尔人留在了佛罗里达州，最终得到了联邦的承认。

到19世纪中期，阿巴拉契亚山脉以东的美洲原住民已经所剩无几。大众文化已经将他们的部落与大平原而不是东海岸的林地联系起来，这主要是由于西部电影

塞米诺尔人发起的攻击可能是为了吸引追兵或惩罚性远征队进入大沼泽地并最终将之伏击。

的流行。一些被驱赶到西部的人不得不学习新的生活方式，并将在"欧洲的"美国人向西扩散以寻找财富和土地时再次与联邦政府作战。

猎人之弓

大约在公元500年左右，弓箭取代了长矛成为美洲原住民猎人和战士的主要武器。尽管弓的制作更加困难，但它有几个优点。它有更远的射程和更快的速度，这反过来又提高了准确性和穿透力。装备弓的猎人比用长矛投掷的人更有可能击中猎物，而且更有可能发出致命一击：拉弓和放弓的动作较小，给猎物的预警信息较少，也不容易暴露射手的位置。

弓相较于长矛甚至火器，还有其他优势。弹药供应始终是枪支的一个问题——加上噪音，开第一枪就会吓跑整个兽群——而大量的箭镞可以用一块铁皮或猎物的骨头制作。石箭头的杀伤力几乎与金属箭头一样大，而金属箭头在某些地区是可以得到的。因此，弓箭手可以保证自己的箭的供应，而枪手则要

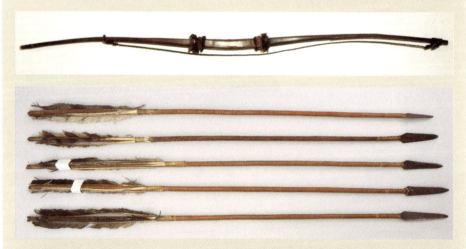

奥萨奇橙木（Osage orangewood）的纹理笔直，是制作弓箭的理想材料。由于弓箭的独特优势，它从未被枪支完全取代。

依靠贸易来获得弹药。

弓本身是一个复杂的物品，由不同材料组合而成，因地区而异。在马背上使用的弓往往比较短，其他关于材料的考虑因素包括当地温度和湿度的变化，当然还有材料的可获得性。

箭是用嫩枝制作的，将其加热以使其变直，或者削光以留下一个直的箭芯。箭尖可能是用骨头或燧石制成，在与欧洲人接触后，如果有其他材料，如玻璃，则也可能被使用。箭尖的连接方式一般是将箭头的底部插入箭前端切开的缝隙中，然后用筋线将其绑住。

使用骨箭或石箭的美洲原住民在公元1000年左右打败了北欧殖民者，他们的武器在熟手中非常有效——对于一个依靠射击技术生存的猎人来说确实非常有效。在17世纪，类似的"石器时代"武器技术在原住民和殖民者发生冲突时被证明是有效的。

17世纪美洲原住民战士可用的弓在射程、精度和射速上都优于殖民者的火药武器，直到许多年后才出现真正优于原住民的弓箭的连发火器。

第二章
北 部 部 落

在阿巴拉契亚山脉和大平原之间，其景观以湖泊和河流为主。俄亥俄河和田纳西河汇聚在一起，最终流入密西西比河，与其他许多河流一起形成一个巨大的流域，是几个早期美洲原住民文明的发源地。

因纽特人留在遥远的北方，并保留了他们迁徙前的大部分生活方式。对他们来说，冰河时代从未真正结束。

在欧洲人到来之前，俄亥俄河流域和五大湖沿岸是众多部落的家园，其他部落是迫于东部海岸的压力而迁入该地区的。欧洲探险家在登陆美洲后的几年内就渗透到这一地区，但几十年后，白人殖民者才大量越过阿巴拉契亚山脉，参与该地区的政治。俄亥俄河流域发生的事件对美国的发展和美洲原住民的命运产生了深远影响。

当然，美国和加拿大之间的界线是一种现代发明，是现代国家开始出现时在地图上画的一条线。但一个在现代文本中被描述为"进入加拿大"的部落不会这样想，他们只是从一个地方移到另一个地方。虽然对美洲原住民部落而言，其他部落的领土是一个考虑因素，但现代国家或民族的边界没有任何意义。

在17世纪，地形特征远比政治区别更重要。地形决定了一个部落可以在哪里狩猎和生活，以及其成员可以获得哪些资源。边界不一定基于距离，而是基于时间。好的猎场可能就在一个部落的领土附近，但可能不会被使用，因为复杂的地形使得到达那里需要太长的时间。河流可能便于移动，也可能是一个障碍，这取决于部落建造独木舟的能力。

随着冰川的消退和猎物的北移，原住民到现在的加拿大定居是通过逐步迁移的方式进行的。有些地区比其他地区更吸引部落定居——例如，圣劳伦斯河谷和大湖区提供了肥沃的土壤和丰富的猎物，为定居创造了理想条件。再往北，生活就更艰难了，向远北方推进的部落采取了与在俄亥俄河和圣劳伦斯河周围定居的部落不同的生活方式。

易洛魁人的影响

易洛魁联盟在俄亥俄河谷的东部地区很强大，其成员可能与大湖区的一些部落有共同的祖先。原始易洛魁语言在遥远的过去曾在大湖区使用，而且该地区的部落有语言上的联系。然而，这并不妨碍易洛魁人在必要时向该地区的人民宣战。

在易洛魁人的整个历史中，冲突零星发生，但17世纪的海狸战争导致了大规模战争，最终将各部落赶到西部的大平原或北部的加拿大。一些部落被消灭或被胜利者吞并。战争始于17世纪40年代，当时易洛魁人对圣劳伦斯河沿岸的休伦人发动了一场战役，这不仅使易洛魁人控制了他们的狩猎场，而且还确保了该地区的

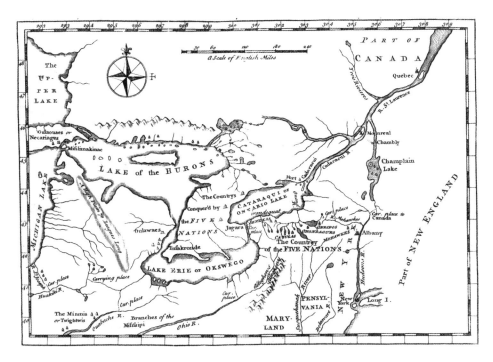

在欧洲人到来时，易洛魁联盟的五个部落是新世界中最强大的政治单位之一。

法国商人不得不与易洛魁人打交道，而不是与他们以前的贸易伙伴。

在易洛魁联盟的西边，有一群被法国人称为中立民族的部落，因为他们对其他部落采取中立的政治立场。他们在语言和文化上与易洛魁人有联系，与易洛魁联盟的关系比与附近讲阿尔冈昆语的部落更加友好。尽管如此，易洛魁人从1650年起对他们发动了战争，赶走或同化了幸存的人。伊利人（Erie）也同样被征服，使易洛魁人控制了一直延伸到大湖岸边的领土。

到1700年，易洛魁人在与法国殖民者的战争中遭受重创，并停止了扩张，但他们的战役起到了搅动俄亥俄河谷地区的作用，并将法国毛皮商人赶到北面的渥太华和其他加拿大部落。

1754—1763年的法印战争涉及阿巴拉契亚山脉两侧和加拿大南部的部落，且对这些地区的部落有长期影响。至少就欧洲人而言，这场战争是法国和英国之间的战争，结束战争后签署的《巴黎条约》（Treaty of Paris）反映了这一点。根据其条款，英国控制了现在的加拿大和密西西比河以东的北美大陆，而西班牙则获得了密西西比河以西的原法国领土。法国在新世界的影响力被削弱，只涉及一些加勒比海的岛屿。

这些都没有得到生活在这些地区的部落的同意——一个殖民国家打败了另一个殖民国家，并接管了它的土地所有权，而没有考虑到一直生活在那里的人们。《巴黎条约》没有反映出美洲原住民战士对双方所作的贡献，而且毫不奇怪，许多部落都不太接受这一条约。殖民者对战争的结果也不是特别满意。英国因战争而增加的税收导致了殖民地对王室的进一步不满，并最终成功地争取到独立，尽管过程是血腥的。

特库姆塞（Tecumseh）的兄弟坦斯克瓦塔瓦（Tenskwatawa）被欧洲人称为"先知"。他的教义跨越了部落的界限，在殖民者中引起了极大的恐慌。

战棍

战棍是一种纯粹的武器，并没有什么工具性的功能。它的礼仪性功能与剑或权杖相似，也可能用于战斗或处决。虽然战棍在许多文化中都有一个基本的概念，即在柄上放置一个重物，通常是石头，但战棍在设计上有很大的不同。

东部沿海地区的部落喜欢用弯曲的柄和球状的重物，有时还带一个钉子，而在大平原，常见的是对称设计。在西北部，战棍可能是由木头雕刻而成的，没有附加重量。

战棍是为重击而设计的，如果有钉子的话，可能还会有刺穿的作用。这可能意味着一种非常简单的战斗方式，但经过训练的人可以以一种复杂的方式使用战棍。除了大的打击动作外，该武器还可以尖锐地刺入敌人的面部。这不会使人丧失行动能力，但可以在对手退缩时进行后续打击。

用棍棒击打头部、肩部和手臂是最容易的，但一个熟练的战士可能会佯装打高，然后对对手的膝盖或腿部进行横扫。他可能不会进一步解决受伤的对手，而是继续前进，使步履蹒跚的对手成为另一个战士的受害者。一个受伤的敌人一瘸一拐地离开，没有继续参加战斗，这可能足以带来胜利。

美洲原住民的战棍远不只是连接在棍子上的一块石头。它经过精心制作，是一种致命的、奇怪的、优雅的武器。

法国殖民者的遗产

　　法国殖民者在16世纪末开始抵达他们所称的阿卡迪亚（Acadia，今新斯科舍和新不伦瑞克），开始在这个部分地区也被英国宣称拥有主权的地方进行有争议的殖民。1755年，阿卡迪亚地区成为英国属地后，讲法语的殖民者被驱逐出该地区。他们中的许多人重新定居在当时仍被法国拥有的路易斯安那地区，并被称为卡津人（Cajun）。

　　在这段时间里，法国人通过圣劳伦斯河谷向现在的加拿大扩张，与那里的部落建立了普遍良好的关系。圣劳伦斯河提供了许多战略优势，因为通过它可以进入内陆地区，并且它是几个强大部落的所在地。从1600年起，毛皮贸易变得越来越重要，那时的魁北克是作为一个贸易站建立的。魁北克后来扩展为一个设防定居点，

莱纳普人（Lenape），也被称为特拉华人（Delawares），被不断扩张的欧洲定居点挤出了他们的领土。经过多次冲突，他们站在法国人一边，反对英国人。

守卫着新法兰西的入口，是英国人的一个主
要攻击目标。

　　1763 年，法国人将其领土割让给英国
并撤出该地区，留下魁北克作为英国人在该
地区的主要基地。在抵御了美国革命军的攻击后，魁北克成为新加拿大省的地区首
府，后来在该省分裂时成为下加拿大的首府。

　　当法国人开始在圣劳伦斯河谷定居时，他们遇到了一些使用与易洛魁语有关的
语言的部落，这些部落被历史学家统称为劳伦特人（Laurentian）。这些人有一种
半游牧的生活方式，与东北林地的其他部落群体相似，他们建造半永久性的设防村
庄，以玉米为主要作物进行耕作。

　　圣劳伦斯河谷的部落因其语言而被称为休伦族或怀安多族（Wyandot）。也许
他们在与欧洲人接触时已经是一种独特的文化群体，但他们与易洛魁联盟的各部落
有着共同的祖先。部落间政治超越了这种文化共性，并且这种共性没有阻止易洛魁
人与他们的表兄弟发生战争。争执的原因包括对与欧洲殖民者的毛皮贸易的控制。

> "从 1600 年起，毛皮贸易变得越来越重要，那时的魁北克是作为一个贸易站建立的。"

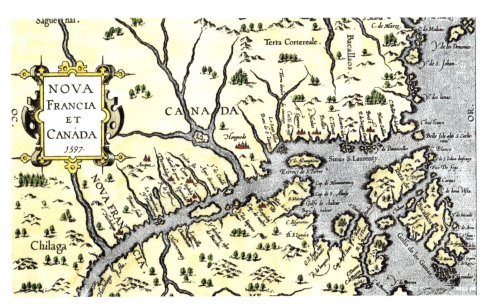

1597 年绘制的新法兰西和加拿大地图。圣劳伦斯河及其支流提供了一条连接毛皮捕兽者和欧洲利润丰厚的市场的通道。

一些怀安多部落向西迁移，远离易洛魁人，并在安大略地区定居了一段时间。从1648年起，他们又受到了不断扩张的易洛魁人的攻击。到1650年，这些部落要么被易洛魁人同化，要么被迫再次迁移。一些人向北走，一些人向西走。许多休伦人加入了被法国人称为"烟草民族"的蒂奥诺塔蒂人（Tionontati），但他们也继而受到了攻击。休伦族联盟的残余势力在法印战争中与法国人站在一起，并最终被诱导向西迁出他们的祖传土地，进入现在的俄克拉荷马州的新领地。

庞蒂亚克之战

在大多数情况下，加拿大和俄亥俄河谷的法国殖民者愿意与他们遇到的部落结成联盟并达成贸易协议，并普遍认为与这些部落的冲突不利于商业。不同的是，新近成为该地区主人的英国人（至少在欧洲人眼中）具有更多的帝国主义观念。许多部落，特别是那些在最近的战争中与法国人站在一起的部落，被视为需要被控制的对象，而不是需要尊重的盟友或外国势力。

俄亥俄河谷的一些部落因早期欧洲人的活动而流离失所，如特拉华人、明戈人（Mingo）和肖尼人。他们曾希望——并被引导相信——一旦英国人赶走了法国人，就会从他们的新家园撤出。然而，当新来者开始用更多的堡垒来加强他们对该地区的控制时，这些部落决定重新开始对英国的敌对行动。

与此同时，大湖区各部落之间的联盟正在不断壮大。这个联盟的建立和领导被认为是渥太华酋长庞蒂亚克（Pontiac）的功劳，尽管人们对他到底发挥了多大的作用存在怀疑。这个计划在概念上是宏大的，且完全可行，因为它将指挥权下放到地方一级，并依靠共同的目标而不是紧密的合作。英国堡垒将被由当地酋长指挥的部队攻击，在某些情况下，还有来自相当遥远的部落的战士支援这些部队。庞蒂亚克自己在底特律的目标是作为一场欺骗行动的主体，庞蒂亚克和他的追随者声称他们是去谈判的，从而获得了准入权。

"……击败英国人的关键是通过夺取或摧毁支持和保护他们的基地来切断他们的后勤链。"

庞蒂亚克和他联盟的其他成员清楚地了解其不意和欺骗的价值，并清楚地知道夺取像底特律军火库那样的重地的重要性。尽管在大多数情况下，庞蒂亚克领导着半游牧的猎人——或许正是因为如此——他意识到，击败英国人的关键是通过夺取或摧毁支持和保护他们的基地来切断他们的后勤链。

在当时的情况下，底特律的英国人得到了预警，而庞蒂亚克不能发动突然袭击。相反，他选择了围攻。在其他地方，1763年5月，其他部落袭击了英国人的土地和堡垒，结果不一。两个最大和最重要的堡垒——皮特堡（Fort Pitt）和尼亚加拉堡（Fort Niagara）——被成功防守，但其他几个堡垒则被攻破。这使得当地的定居点处于庞蒂亚克的战士的摆布之下，而他们也没有什么仁慈可言。同样，驻军在其堡垒陷落后被屠杀，削弱了英国在该地区的军事力量，打击了英军的士气。

1763年7月至8月，一支重振皮特堡并赶走庞蒂亚克的围攻部队的远征军开动了，给驻军和在堡垒内避难的殖民者带去的牲畜群拖慢了他们的速度。庞蒂亚克的部队在7月底对皮特堡进行了一次协同攻击，试图破坏城墙或放火烧毁城墙，但无法进入。然后他们退缩了，准备伏击救援队伍。

8月初，庞蒂亚克的部队对救援纵队发起了攻击，这就是后来著名的灌木溪（Bushy Run）战役。尽管伤亡惨重，但英国人还是击退了攻击者，在所剩无几的状

在底特律堡（Fort Detroit），没有必要保持严密围困。少数战士足以监视，并能在驻军试图出击或带入补给时召集其他人。

庞蒂亚克的部队试图使用消防筏摧毁位于底特律堡的两艘双桅船并切断该堡垒的唯一通信线路，但没有成功。

态下到达了皮特堡。除了得以对皮特堡进行补给外，这场战役还提高了英国人的士气，因为在此之前，庞蒂亚克的联盟在他们的主战场上似乎是无敌的。

1763年9月，解救尼亚加拉堡的类似努力在原住民战士的手中遭到血腥的失败。一支被派去协助补给车队的救援队也在一个被英国人称为"魔鬼洞"（Devil's Hole）的地方遭到伏击。这些行动的特点是近距离作战——在火枪射击基本无效的地形上，美洲原住民战士以其战斗技巧对抗英国正规军的刺刀。

英国的行动

英国人开始准备一场针对该联盟的战役，但直到1764年春天才启动。在此期间，庞蒂亚克的联盟取得了成功，在一段时间内似乎赢得了战争。尽管攻击一个防御严密的堡垒是一个失败的提议，但美洲原住民可以用他们的弓箭和火器使里面的人生活得非常艰难。在堡垒外的任何行动都有遭受攻击的风险，使狩猎和耕作等正常活动无法进行。

虽然大堡垒内的人在短期内还算安全，但他们在那里是难以生存的，除非能把补给运进来。在这种情况下，围攻的时间越长，成功进攻的机会就越大。还有一个需要考虑的问题就是威望和影响。一个大国的堡垒被围困却无所作为，可能会被视为软弱无能，使起义或外国攻击更有可能发生，并放松对该地区殖民者的控制。

因此，一旦一个要塞被围困，就不可避免地有一次救援远征。一支有组织的带着大炮和辎重车的军队可以走的路线只有那么多，因此自然会受到庞蒂亚克的侦察兵的监视。美洲原住民战士在自己的土地上的行动比外国士兵快得多，这使得一支部队可以集中起来进行伏击，然后再转移到另一个预定地点。

这种利用对防御阵地的威胁来激起对方的反应，然后在野外进行攻击的战术与战争本身一样古老，而且是依据美洲独立于其他大陆的经验发展起来的。试图支持受威胁的堡垒就意味着要落入庞蒂亚克手中，使他能够在他选择战斗的时候按照自己的方式作战。然而，英国指挥官们选择了进攻。就像英国人的堡垒是静态目标一样，部落的村庄和庄稼也是静态目标。

1764年，英国的行动由于指挥官之间的分歧和对命令的自由解释而受到阻碍。尽管如此，英国针对庞蒂亚克联盟发起的两次远征中，有一次成功地征服了特拉华

使用武器的象征性行为构成了美洲原住民表达的一个重要部分，比如"拿起斧头"的表达，而埋葬斧头象征冲突结束。

"庞蒂亚克的死亡引发了当地部落之间的一轮冲突，皮奥里亚人在其中的处境非常糟糕。"

人和肖尼人，导致联盟分裂。庞蒂亚克随后在1766年与英国人达成了一项和平条约。这在他以前的支持者中是不受欢迎的，三年后他被皮奥里亚（Peoria）部落的一名成员谋杀。庞蒂亚克的死亡引发了当地部落之间的一轮冲突，皮奥里亚人在其中的处境非常糟糕。

　　正是在围攻皮特堡期间，殖民者提出了对原住民部落实行生物战的想法。一直到庞蒂亚克之战爆发前，英国当局认为原住民对其统治进行有效抵抗的可能性不大，并撤回了派去与法国人作战的大部分军队。现在，面对人数众多且卓有成效的敌人，这些指挥官愿意考虑任何选择。他们下达了处决被俘的美洲原住民战士的命令，但其他想法远远超出了这个范围。有人建议将天花病人的毯子送给部落，希望通过疾病削弱他们的力量。这种故意感染的效果有多大，还有待商榷——多年来，疾病在殖民者和原住民部落之间来回传递，疾病的暴发可能有其他原因。

　　最后，尽管庞蒂亚克之战是美洲原住民部落的一次军事失败，但它确实产生了重要的战略成果。英国人把部落当作被征服者的政策得到了修正，他们进行了更好的合作，并更加尊重原住民的领土和价值观念。当法国人宣称对俄亥俄河谷一带拥有主权时，该地区的局势又变得动荡不安。这场战争还展示了一个大型联盟超越传统边界的能力，并为后来原住民结盟对抗欧洲人奠定了基础。

美洲原住民与英国殖民者战术的较量：灌木溪战役

　　1763年8月5日，庞蒂亚克的部队袭击了位于灌木溪的救援纵队的头部，并骚扰了纵队的其他部分。他们面对的是经验丰富的部队，其中许多是曾在加勒比海地区服役的苏格兰高地人。皇

亨利·布凯上校（Colonel Henry Bouquet）正确地预测了庞蒂亚克的期望并加以利用。一个不高明的指挥官会在灌木溪被击溃。

作为对1764年10月开始的1500人远征的回应，庞蒂亚克同意进行一次和平谈判，并归还了大量在战争中被俘的
人员。

家美洲军团也为该纵队提供了一些兵力。其人员来自许多民族群体，在美洲有丰富的战斗经验。值得注意的是，他们中的许多人携带战斧作为个人武器。纵队的守卫者做出了积极的反应，他们以排枪射击，用刺刀冲锋，驱散集中的攻击者。这些战术在殖民战争中被英国军队很好地运用，但庞蒂亚克的战士们很容易隐没在树丛中，并从另一个方向再次发动进攻。

纵队的指挥官亨利·布凯上校改变了战术。他的部队组成了一个空心方阵，并巧妙地退到附近的一座山上。在那里，他们用麻袋和其他可以找到的掩护物仓促搭建起一个防御工事。伤员和牲畜被安置在里面，而布凯的部队则用精确的火枪射击和偶尔的积极反击来保卫山顶。

从布凯当晚写的信件中可以看出，他知道他的部队处于极度危险之中，很可能会被攻破。他的部队被困住无法逃脱，而神枪手正在逐渐减少，最后剩下的部队将无法抵御敌人冲锋。他可能会试图奋力一搏，希望庞蒂亚克的人失去信心，但这更可能是垂死挣扎。相反，他利用了庞蒂亚克自己的策略。

庞蒂亚克和其他美洲原住民领导人可能从未听说过伟大的中国军事战略家孙子，但孙子提出的原则是普遍适用的。在这种情况下，庞蒂亚克选择给守军一条"退路"，就像孙子所说的那样——"置之死地而后生"。他知道，看不到出路的人将会战斗到最后，但那些有可能自救的人则会试图撤退。如果能诱使布凯的部队离开其防御阵地，他们就会在森林中被击败，从而大大减少庞蒂亚克的损失。即使英军只有一部分人逃跑，剩下的力量也会被削弱，从而很容易被攻破。

然而，布凯正确地推断出这一策略并迎合了庞蒂亚克的期望。他把一些士兵送出防御阵地，似乎要利用庞蒂亚克一方在皮特堡一侧相对薄弱的机会。这支部队勾住庞蒂亚克的侧翼，准备一旦敌人发起进攻就进行反击。当庞蒂亚克他们这样做的时候，遇到了坚决的抵抗，而不是他们所期望的动摇的防御。他们近距离遭遇了一排双发火枪的射击。庞蒂亚克的士兵先是遭到正面射击，然后又遭到后方敌人的冲锋，腹背受敌。经过艰苦的战斗后，他们四散而逃。

庞蒂亚克和布凯之间的会面不只是森林中的小规模冲突，尽管按照欧洲标准，参与的人数并不多。这是一场两种文化背景下的专业战

> "如果与英国人的每一场战斗——无论输赢——都是这样的代价，那么美洲原住民群体将不复存在。"

士之间的冲突，由了解彼此战术的领导人指挥，直接的结果是皮特堡被解救。否则它就会沦陷，对英国人占领俄亥俄河谷造成灾难性的后果。

从长远来看，原住民在灌木溪战役中的损失是不可接受的。如果与英国人的每一场战斗——无论输赢——都是这样的代价，那么美洲原住民群体将不复存在。因此，庞蒂亚克开始探索通过谈判实现和平的可能，而不是寻求彻底的胜利。

美洲原住民战略：恐惧、欺骗和隐蔽

有效使用欺骗手段是现代战争的一部分，历史上有很多关于诡计和奇袭的故事。最简单的例子是对车队或巡逻队进行隐蔽的伏击，或者一支部队在黑暗的掩护下潜入目标附近，一旦有足够的光线就进行攻击。诸如此类的隐蔽战术被广泛运用。在佩利角（Point Pelee），一支渥太华人部队出其不意地抓住了一支小规模英国部队，并将他们的船只一起截获。然而，欺骗手段可以通过更复杂的方式施展。

庞蒂亚克在底特律使用的计策很直接，但美洲原住民部落其实很有创意。在麦基诺堡垒（Fort Michilimackinac），一队奥吉布瓦战士在堡垒附近

阿尼士纳阿比人（Anishinabeg）被法国人称为奥吉布瓦人（Ojibwa），被英国人称为齐佩瓦人（Chippewa）。

玩起了长曲棍球游戏，发起攻击之前在防御工事内追赶一个"跑偏的"球。如果该部落以前没有在要塞附近玩过类似的游戏，可能就不会奏效，因为他们制造了一种正常氛围，使守军不太可能做出反应。在这种情况下，进入堡垒的战士用他们部落的女性成员偷运出来的武器武装了自己，并在遭到有效抵抗之前压制了守军。

当一个要塞被攻破时，即使驻军按条件投降，屠杀也是很常见的。那些被俘的人可能被烧死或被折磨致死。恐惧是一种有效的武器，它足以削弱任何可能冒险进入部落领地以夺回失去的要塞的英国士兵的决心。

西部联盟和西北印第安战争

美国革命对北美各部落的一个影响是，他们现在将与殖民者——新生的美利坚合众国——相抗衡，而不是与他们的殖民支持者相抗衡。美国可用于处理问题的资源要少得多，但它的重点是扩张，而不是从美洲的贸易或其他经济活动中赚钱。以前，一个遥远大国的殖民前哨可能会发现贸易比领土征服更有利可图，而现在，土地冲突是不可避免的。

联合起来反对欧洲人入侵的运动在庞蒂亚克之战之前就开始了，但合作是在美国革命之后才真正开始的。通常被称为西部联盟（以及其他各种名称）的联盟最初成立于1786年，包括诸多部落，其中许多部落没有合作历史。有些人过去曾是敌人，但在新的威胁面前，过去的分歧并不意味着什么。

西部联盟吸引了包括加拿大七个民族群体（Seven Nations of Canada）和易洛魁人在内的部落联盟、密西西比河谷的伊利诺伊联盟和瓦巴什河（Wabash River）流域的瓦巴什联盟。然而，许多情况下是部落中部分村庄和团体加入联盟，而不是整个部落。许多部落不够统一，无法做出联盟承诺，而加入与否的决定是由地方一级做出的。

战争开始时，已经零星发生的袭击事件不断升级，美洲原住民可能得到了英国王室任命的事务官的批准和支持。新独立的美国以攻击美洲原住民的定居点作为报复，特别是肖尼人的定居点。一些村庄在他们的战士外出掠夺时遭到袭击，并被轻易攻破。定居点和农作物被烧毁，这是现在熟悉的报复模式，但这只会造成敌对行动的升级。

1790年底，美国做出了第一次大规模的反击。在约西亚·哈马尔将军（General Josiah Harmar）的指挥下，一支由训练不足的正规士兵和民兵组成的部队，在一些轻型火炮的支援下，沿着大迈阿密河前进。当地部落在迈阿密人小海龟酋长（Chief Little Turtle）的带领下，从侦察员那里得知了这支队伍的确切方位，采取现代军事理论中所谓的"弹性防御"战略，并从他们的村庄撤退了。

随着远征军深入美洲原住民的领地，其中一些人被卷入伏击战，而主力部队则过于谨慎，未能支持其分队。骑兵和步兵有时被诱导着追赶少数美洲原住民枪手，

哈马尔战败后，据说从死去的美国士兵头上升起的蒸汽让人联想到南瓜田，这场战役在部落中的名字也由此而来。

阿瑟·圣克莱尔（Arthur St. Clair）在英军中开始其军事生涯，后来在独立战争中与英军作战。他在灾难性的失败后被迫辞去职务。

进入他们可能被孤立和压制的地带，而部落战士优越的机动性使他们能够占据有利地形。美国正规军的火力被其部队的笨拙和美洲原住民领导人的狡猾战术抵消，原住民不会将他们的战士安排在正规军可以集中火力攻击的地方。

远征队在后来被称为南瓜田战役的战斗中被击败，当时一支分队被冲击得七零八落，而美军的主力部队仍处于防御阵型而未能及时支援。幸存者重新加入了远征队，而部队则整体撤退。哈马尔将军的远征队的失败产生了重要的战略后果。联盟的各部落对他们的胜利感到震惊，他们扩大了攻击的范围和强度，袭击了整个地区的定居点。更多的战士加入到战争中来，小海龟酋长成为著名的领袖。

1791年，阿瑟·圣克莱尔将军被安排指挥一场新的战役，而他所掌握的资源有限。尽管派遣新兵和未经训练的民兵进入荒野与生活在那里的部落作战是愚蠢的——正如前一年所证明的那样——但圣克莱尔开始进入瓦巴什河谷。他的部队在防守薄弱的营地里遭到约1000名美洲原住民战士的攻击。尽管人数相当，而且有

圣克莱尔战役的后期阶段采取了扫荡行动的形式，分散的美军被击溃和杀害。

近身搏斗

一旦近距离战斗开始，就没有时间再给燧发枪重新装弹。一个仍有上膛步枪或手枪的战斗人员可能会开一枪，但在大多数情况下，火器在短距离内是无用的。

美洲原住民战士装备简陋，进攻能力远超防守能力。一些部落使用盾牌来抵御箭矢，一些地区还使用各种形式的轻型盔甲，但在大多数情况下，战士依靠速度和攻击力，在自己受到重伤之前将敌人消灭。他们可能会用武器挡住一击，或空手拍开刺刀或长矛的刺击，但在大多数情况下，他们的目的是在敌阵中快速移动，对目标进行攻击，而不是陷入攻击和防御的阵地战泥潭。

欧洲人的武器优势可以通过近身搏斗抵消。原住民战士可以将对手摔倒在地，用刀刺伤，或者干脆抱着对手让盟友来攻击。

美洲原住民战士既是猎人又是战士，但不是士兵。他们的战术类似于其猎杀猛犸象的祖先。他们很容易受到攻击，而且他们也知道这一点。他们可能会与朋友合作，分散敌人的注意力，这样另一个战士就可以从侧面或后面打击敌人。然而，如果必要的话，他们会冒险，会关注同伴的意见，以免被认为畏缩不前。

近身搏斗十分疯狂。面对一个用步枪和刺刀武装起来的欧洲士兵，美洲原住民战士可能会抓住他的枪管，用刀刺伤他，或者带着战棍或战斧适时冲上去。他们可以投掷武器，甚至石块，任何敌人都可以被摔倒在地，用刀子解决掉。

一个防御阵地，但美国部队还是崩溃了，并很快被打败，伤亡惨重。这场被称为"圣克莱尔之败"的战役，因原住民使用神枪手消灭美军的炮手，使大炮失效而备受瞩目。高机动性的战术被用来从侧面攻击敌人的排枪线列，并在再次进攻前退到附近的树林中以躲避敌人刺刀的攻击。

这次胜利是他们对美军取得的最大的胜利，在这之后，美洲原住民领导人开始考虑通过谈判达成和平解决的方案。在讨论这些可能性的同时，袭击仍在继续，美军建造了更多的堡垒，试图有条不紊地实现对该地区的控制。为了反击这一行动，美洲原住民发动了一次突袭，摧毁了用于维持堡垒之间供应路线的驮马集中地。

西部联盟的各部落无法就他们向美国要求的条件达成一致，因此冲突持续到1793年。在这期间，美国——在圣克莱尔的领导下损失了大约四分之一的可用军队——训练了一支新的军队，以对抗原住民部落。这支部队被命名为合众国军团，是在联合兵种战术的基础上组建的，其下属单位包含步兵、炮兵和骑兵。

1793年底，合众国军团向前推进并开始建造防御阵地。这些阵地受到了预期中的攻击，尽管后勤支持网络因损失了许多驮兽而受到破坏，但堡垒仍然在坚守。第二年，小海龟和蓝夹克（Blue Jacket）在莫米河（Maumee River）的伐木战役中与大约2000名美军对峙。双方人数大致相当，

"1793年底，合众国军团向前推进并开始建造防御阵地。"

伐木战役中的失败迫使西北联盟接受和平条约，将大片土地割让给新生的美国。

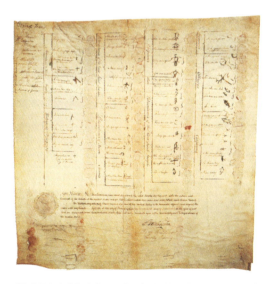

《格林维尔条约》在美洲原住民部落引起了争议。反对者认为它割让了签署者无权割让的土地。

各为1500—2000人，但合众国军团的战斗力远胜于圣克莱尔远征军训练不足和紧张的部队。步兵的刺刀冲锋和骑兵的侧翼攻击在这次战斗中取得了成功，并将美洲原住民部队赶出了战场。

在1795年的《格林维尔条约》（*Treaty of Greenville*）中，联盟被迫放弃现在的俄亥俄州和周边各州的大部分地区以谋求和平。美国殖民者开始越来越多地进入该地区，尽管抵抗仍在继续，但许多酋长——包括小海龟——阻止了进一步冲突。尽管英国人在美国革命中失败了，但他们还是设法保留了底特律堡，直到1796年，堡垒里的英国特工继续煽动美洲原住民战士骚扰新生的美国。西北印第安战争结束后的第二年，底特律堡被移交给了美国。

美洲的防御工事

到了16世纪，欧洲人开始建造复杂的火炮堡垒以互相防卫。高大的城堡围墙已不复存在，取而代之的是由城墙、沟渠和外围工程组成的复杂系统，以保护炮兵阵地和步兵阵地。防御与其说是为了把敌人挡在外面，不如说是为了提高敌人进入防御区的伤亡代价，利用交错的火力网屠杀奋力突破防线的敌军。

在美国内战之前，这种防御工事在美洲是很罕见的，因为大多数敌人都没有大炮。防御工事往往比较简单，由原木墙或栅栏组成，可能再加上沟渠或土墙。大炮很可能被纳入防御工事，但防御工事通常面临的是步兵的攻击而非大炮的轰击，不需要重重保护。同样，美洲原住民的村庄如果有任何防御工事的话，通常都是木制的栅栏。

在这种环境下，围墙或栅栏是一种有效的防御，可以阻挡子弹和箭矢，防止敌人靠近。更重要的是，它限制了火药、食物和弹药等关键物资落入敌手，并给驻军提供了一个安全的休整场所。虽然以欧洲战争的标准来看，美洲的原木堡垒非常基础，但这对它们的主人来说却是无价的，即使它们有时也是一种负担。

堡垒是静态的，可以通过阻断其供应路线使其被孤立。如果信使被拦截，救援将无法实现，驻军只能依靠自己。一个大型堡垒或设防的定居点可能会在这种围攻中幸存下来，但散布在俄亥俄河谷和其他地方的小型前哨站往往只有少数几个人，资源非常有限。没有援助，他们的前景极其黯淡。

特库姆塞之战

被称为特库姆塞之战的冲突是在1812年战争的背景下发生的。这是另一场涉及美洲原住民民族群体的"白人战争"。英国和美国因国际政治而发生冲突，但如果能达成他们的目标，他们也很愿意与美洲原住民合作。就美洲原住民而言，俄亥俄河谷地区的美洲原住民群体希望英国的支持能使他们赶走迁入该地区的殖民者，并为他们夺回该地区。

在当时的美洲原住民领袖中，特库姆塞是肖尼人的酋长。他在与来自弗吉尼亚的殖民地民兵的战斗中失去了父亲，并参与了对殖民者的袭击。特库姆塞参加了西北印第安战争，但并不认同结束战争的《格林维尔条约》。

从1805年起，特库姆塞的兄弟拉拉韦西卡（Lalawethika）作为宗教领袖出现，宣扬回归传统的生活方式并拒绝欧洲的影响。特库姆塞开始扩大他们的追随者群体，但他对政治上的可能性比对精神方面更感兴趣。他认为他兄弟的宗教教义是建立一个新的部落联盟的途径，可以用来对抗美国。宗教运动以蒂佩卡诺河（River Tippecanoe）畔的一个新村庄为中心，该村庄后来被称为先知镇（Prophetstown）。

拉拉韦西卡曾叫作坦斯克瓦塔瓦，"白人"知道他是先知，自然也以类似的方式来称呼他的基地。这里的居民来自各个部落，他们被拉拉韦西卡的教诲和特库姆塞的外交姿态吸引。

当美国当局试图诱使该地区的部落出售更多的土地时，特库姆塞反驳说这里的土地不属于任何一个部落，因此不能由其出售，必须所有部落同意放弃所谓

特库姆塞经常被描绘成穿着英国军官的制服，但这可能是一种艺术表现形式。

的领土。当这个方法失败后，他试图公开威胁同意出售土地的部落领导人。有争议的条约，如1809年在韦恩堡（Fort Wayne）签署的条约，被特库姆塞的追随者拒绝，局势迅速变得紧张起来。

该联盟，特别是特库姆塞，被视为对美国在该地区的野心的真正威胁。1811年11月，当特库姆塞外出执行对克里克（Creek）民族的外交任务时，美国军队向先知镇进军。军队遇到了拉拉韦西卡和他的追随者，他们最近改变了回避枪支等欧洲技术的立场，从英国商人那里获得了武器装备。拉拉韦西卡的追随者在后来被称为蒂佩卡诺战役的战斗中袭击了美国营地，但被打败了，先知镇被烧毁，食物储备被毁。

这对特库姆塞的联盟来说是一个沉重打击，但1812年战争的爆发提供了新的可能性。特库姆塞带领他的追随者加入了与英国人并肩作战的其他美洲原住民，并协助攻占了底特律。特库姆塞曾同意协助英国人，以换取他们的支持，为原住民部落夺回故土，但这从未成为现实。他的部队与英国盟友一起撤退到加拿大，并参与

特库姆塞警告他的兄弟不要在他不在的时候打仗，但该警告被忽视了。由此引发的蒂佩卡诺战役对特库姆塞的联盟是一个致命的打击。

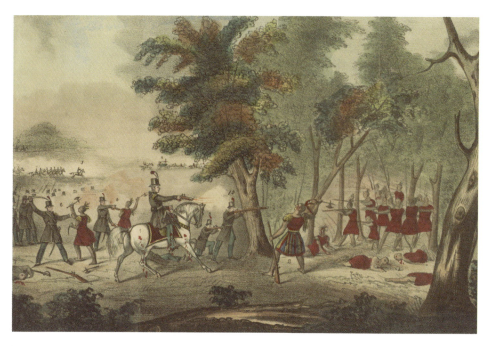

特库姆塞的战士们在泰晤士河边守卫着英军的侧翼，并在英军崩溃时不畏艰险，奋勇向前。

了1813年10月的泰晤士河战役。

特库姆塞在战斗中被杀，正如预料的那样，对于这样一位著名的战士，有许多人声称是自己杀了他。他们的政治生涯因这种吹嘘而得到提升，但没有明确的迹象表明是谁真正杀死了特库姆塞，他们只是想邀功而已。

特库姆塞的联盟崩溃了，随着1812年战争的结束，俄亥俄河流域的美洲原住民群体失去了强大的盟友。

黑脚族联盟

黑脚族是一个游牧民族，住在用皮子搭在杆架上的尖顶帐篷里。大平原部落使用尖顶帐篷，而不是其他地方流行的棚屋。这主要受现有的材料所限，且尖顶帐篷也比较容易拆卸和移动。

人们认为黑脚族是从东北部林地向西迁移到大平原北部的，途经五大湖以北的地区。与已经在该地区定居的部落的冲突使他们不断迁移，直到他们在现在的南、北达科他州建立了自己的领地。

"西克西卡"（Siksika）被粗略地译为英语里的"黑脚"，实际上是指"那些穿着黑色软皮鞋的人"。大多数部落用新的兽皮制作软皮鞋，使其呈现出米色，而西克西卡人则使用以前曾是尖顶帐篷一部分的旧兽皮。帐篷里的烟雾通过顶部的一个小孔排出，使兽皮变黑，从而使西克西卡人的鞋类具有独特的特征。

西克西卡人是游牧民族，猎取野牛和鹿以获得食物和衣服来源。他们用野牛筋缝制皮革，制成装饰精美的外衣、紧身裤和长袍，在寒冷的天气里穿着。虽然野牛是他们的主要食物来源，但他们也善于捕捉其他动物，搜寻野生植物。他们虽然种植烟草，但不事农业。

作为平原猎人，西克西卡人偏爱弓箭，并在战争中使用它。对于个人战斗而言，长矛和战棍是首选武器，刀子是紧急情况下的后备武器。大多数战士将他们的刀看作一种工具，而不是武器，但有些人却能熟练地使用它作战。一些战士还使用皮包的盾牌。

1730年后，黑脚族开始使用马匹，这种动物在他们的文化中变得非常重要。在突袭中得到一匹马是一项值得称道的成就，而拥有几匹马则是威望的标志和权力的来源。马匹迅速成为狩猎和战争成功的关键，因为采用马匹的部落比不采用马匹的部落活动范围更广，攻击更迅速。

"1730年后，黑脚族开始使用马匹，这种动物在他们的文化中变得非常重要。"

黑脚族最初使用被称为特拉沃斯（travois）的狗拉雪橇来运送他们的财产。马的使用极大地提高了他们的机动性和军事力量。

为了马匹袭击其他部落显示了一个战士的能力，这种方式增强了自己部落的实力，同时掠夺了敌人的关键资源。

> "与欧洲人的接触导致了疾病的暴发，特别是天花，这削弱了黑脚族的力量，使他们的敌人更占优势。"

与欧洲人的接触起始于1750年左右，当时哈德逊湾公司的商人在萨斯喀彻温河沿岸建立了哨所。黑脚族人来到这些哨所，交易野牛皮和海狸皮。与欧洲人的接触导致了疾病的暴发，特别是天花，这削弱了黑脚族的力量，使他们的敌人更占优势。

　　虽然暴力冲突时有发生，但黑脚族联盟并没有卷入大平原各部落与美国之间的战争。尽管如此，黑脚族还是成为他们赖以生存的野牛群被蓄意灭绝的受害者。失去了传统的食物来源，黑脚族被迫采用定居的农业生活方式，而他们对这种生活方式并不擅长。那些没有向北迁移到加拿大的人在向新的生活方式过渡的过程中，开始依赖美国政府的援助。

战斧

也许美洲原住民战士最具代表性的武器就是战斧。战斧的制作相对简单，斧刃可以是金属或石头，它被用作工具的次数远远多于用作武器。战斧通常用羽毛、药捆或雕刻来装饰，特别是那些用于仪式的战斧。战斧的用途非常广泛，结合了锤子、斧头和刀片的功能。它可以用来做相对精细的工作，也可以用来给敌人以强有力的打击，或者用于切割木材等更平凡的应用。

早期的战斧只是小斧头，也可以准确地称之为短柄小斧。后来的设计演变出主要为战斗而设计的特征。

在战斗中，战士可以将战斧投掷出去，但通常是将它拿在手中使用，斧柄的一部分突出于战士的拳头之下。这一部分可以用来钩住敌人或他的武器，并把他往前拖，为用斧柄的另一端进行刺击做准备。即使是石头制成的斧刃，如果简单地接触到敌人的肉体并划过他，也足以造成伤害。有身体重量支持的一击会让战斧深深地打入对手体内，或通过纯粹的冲击力打碎骨头。

战斧非常有用并且用途十分广泛，被许多殖民者作为工具和武器使用，至今人们仍将它作为一种军事工具，在需要时可以作为武器使用。

有效地投掷战斧意味着给予战斧足够的旋转，使武器刀刃首先击中目标。

克里人很清楚与新来的欧洲人进行贸易的价值，并成立了钢铁联盟（Iron Confederacy）来控制贸易。

克里族联盟

克里人（Cree）自称为克里斯滕人（Kenistenoag），但被法国商人篡改并简称为克里。他们从加拿大亚北极地区向南迁移到大平原和东北部林地。那些迁移到新的林地家园的人保留了大部分原来的生活方式，住在桦树皮棚屋里，用同样材料制成的独木舟捕鱼。

平原克里人不得不适应新的环境，成为生活在尖顶帐篷里的游牧猎人。与黑脚族一样，他们讲阿尔冈昆语，但这种共同的语言并不妨碍两者相互敌视。克里人使用与黑脚族类似的武器，穿着与黑脚族类似的服装，当马和枪出现时也采用了它们。

克里人为战争和和平任命不同的首领，以发挥个人的长处。战争首领的职位是临时性的，可能是为了一次远征，也可能是为了长期战争，之后控制权又回到和平首领手中。克里人与他们的盟友，特别是阿西尼博因人（Assiniboine）一起，组成了钢铁联盟这一政治和军事联盟。除了战争之外，该联盟还在毛皮贸易中具有强

平原克里人开始依赖野牛以获取食物和原材料，这迫使他们在野牛群数量枯竭时与其他部落发生冲突。

大影响力，迫使其他人在与哈德逊湾公司和西北公司打交道时必须通过该联盟的商人。

长期以来，人们认为克里人从加拿大亚北极地区南迁是为了从与欧洲人的毛皮贸易中获益，但很可能在欧洲人首次到达时，这一运动就已经开始。尽管如此，克里人理解控制毛皮贸易的价值，并准备为此而战。

钢铁联盟的力量主要来自对毛皮贸易的控制，而联盟的财富也随着毛皮贸易的减少而减少。随着野牛的数量因过度狩猎而减少，钢铁联盟因野牛本身和狩猎队侵犯其他部落领土而与之爆发冲突，而他们如果不想挨饿就别无选择。追踪野牛群导致了联盟与黑脚族的冲突，冲突在1870年的贝利河（Belly River）战役中达到高潮。战斗采取了持久交火的形式，战况随着双方更多战士的加入而不断升级。最终，黑脚族比他们的对手技高一筹，并从高地上向克里族的阵地开火。克里人在试图撤退时伤亡惨重，并在不久后提出了和平请求。有出息的年轻克里人庞德梅克（Poundmaker）成为黑脚族首领克罗夫特（Crowfoot）的养子，这使和平得到了巩固。

西北叛乱

欧洲人一登陆美洲，就不可避免地会与原住民通婚。这些通婚的后代通常留在他们的母亲身边，加入她们的文化群体。这些混血儿通常被称为梅蒂斯人（Métis），他们在美洲原住民和新移民之间形成了一座文化桥梁。他们并不总是轻易被接受，但随着时间的推移，毛皮捕猎定居点聚集了越来越多的梅蒂斯人，并发展出一种既不是殖民者一方也不是原住民一方，而是两者融合的文化。

梅蒂斯人成为一个独特的文化群体，他们有自己的利益，在某些情况下与殖民者或原住民部落的利益不同。他们经历了许多重复发生在美洲原住民部落身上的事情——加拿大新政府开始向梅蒂斯人购买土地，而殖民者无论是否得到官方批准，都会侵占他们家乡的领土。

梅蒂斯人尽其所能进行抵抗，冲突不可避免。在路易斯·瑞尔（Louis Riel）的领导下，梅蒂斯人成立了一个临时政府，并宣布由于哈德逊湾公司不再控制该地区，因此不能将其土地所有权转让给加拿大政府。谈判的结果是该地区于1870年

梅蒂斯人发展出一种独特的文化，将当地部落的影响与边远地区的捕兽者和猎人的机智和自力更生相融合。

并入加拿大，成为马尼托巴省，而加拿大政府为梅蒂斯公民提供宗教和教育保护。

当政府军队到达时，瑞尔被迫逃离。随着时间的推移，梅蒂斯人开始担心加拿大政府不倾向于尊重《马尼托巴法案》（*Manitoba Act*）的条款，该法案保证他们的生活方式将得到保护。1885年，在瑞尔的领导下发动了一次武装起义，与此同时，克里人也在庞德梅克的领导下拿起武器反对加拿大政府。

庞德梅克的名字来自于他的一种特殊才能。也许是受他的父母影响——他的父亲是一位药师——他可以在精神作用的帮助下吸引野牛进入兽栏。1873年，庞德梅克被黑脚族的克罗夫特酋长收养，结束了两个部落之间的冲突。他赞成与加拿大政府建立和平关系，并愿意接受割让土地的条约，但随着时间的推移，当政府似乎不尊重条约时，他变得心怀不满。

由于野牛越来越少，克里人饱受饥饿之苦。他们离开保留地，前往巴特尔福德（Battleford）寻求帮助。镇上的居民们担心攻击临近，于是逃到附近的一个堡垒。军队在收到请求援助的电报后立刻出兵，尽管在部队到达之前，庞德梅克和他的追随者已经确定了和平意图。克里人因居民逃离后在巴特尔福德发生的抢劫而被指责，事实上他们可能毫无责任。

饥饿而绝望的克里人随后引发了一系列事件，1885年5月，政府军袭击了庞德梅克在切刀溪（Cut Knife Creek）的营地。在两门大炮和一门加特林枪的支持下，大约392人被调来对付约1500名克里人和其他部落。庞德梅克预见到了这次攻击，并将领导权交给担任战争首领的晴天（Fine Day）。晴天的战术是以小队为单位打游击，在加拿大军队中制造混乱。加拿大军队的许多人没有经验，高估了他们面临的力量而心有忌惮，无法找到射击目标。克里人善于利用隐蔽手段，偷偷靠近敌人，进行攻击然后消失。尽管缺乏弹药，还面临着炮火，克里人还是迫使加拿大军队撤退。只因庞德梅克的干预才使他们在艰难地形中挣扎时没有被屠杀。庞德梅克要求克里族战士不要追击，尽管晴天是战争首领并拥有指挥权，但他的要求还是被遵从了。

克里人并不是想打仗，他们只是想让政府给他们更多的食物。政府也不希望发生冲突。在西北叛乱的背景下，局势高度紧张，加拿大援军指挥官奥特上校（Colonel Otter）不服从命令，发动了攻击。一旦开始，战斗就持续不断。

5月，梅蒂斯人在巴托什（Batoche）被击败后，克里人与加拿大政府进行了一段时间的斗争。在切刀溪灾难之后，加拿大军队学会了尊重他们的对手，并希望避免像斯特兰奇少将（Major-General Strange）率领部队对付大熊（Big Bear）手下的克里人时所说的，"犯卡斯特犯过的错"。

路易斯·瑞尔领导的梅蒂斯人反对加拿大政府的起义，与克里人的计划不谋而合。

庞德梅克不仅具有放养野
牛的独特才能，而且还象
征着克里族与黑脚族之间
冲突的结束。

尽管进行了英勇的战斗并牢牢掌握了现代步兵战术，但克里人根本无法维持他们的战争，庞德梅克被迫投降。

剥头皮

剥掉敌人的头皮通常是为了获取战利品，早在与美洲接触之前，欧洲和亚洲就已有这种做法。对于在欧洲人到来之前美洲是否有剥头皮的做法，人们意见不一。如果有，那也是小规模的，而且可能是为了祭祀。

剥头皮是证明敌人已被杀死的一个方便方法，因为头皮比砍下的头颅更容易携带。从头发上可以看出受害者是欧洲人还是美洲原住民，这对利用原住民战士为他们打代理战争的殖民者团体很有用。

殖民者为目标群体的头皮支付赏金，根据当地的政治情况，这一年该目标群体可能是另一个欧洲派别，下一年则可能是一个原住民部落。金属刀的流行使剥头皮变得十分容易，一个成功的战队可以通过这种方式在短时间内赚取大量的金钱。

随着时间的推移，这种做法逐渐传播开来，成为美洲原住民文化的一部分。即使在没有赏金的情况下，头皮也被当作战利品，并成为复仇仪式的一部分。一个家庭如果被另一个部落夺去了一名成员，就会被部落送上一个敌人的头皮，以表明已经进行了报复。

我们无法确定在欧洲殖民者到来之前北美是否已经有这种做法，但很明显，由于头皮赏金的缘故，剥掉头皮已经成为一种普遍的做法——如此普遍，以至于在一些欧洲人之间也会剥下特别讨厌的敌人的头皮。欧洲人可能把剥头皮的做法带到了新世界，也可能没有，但他们促进了这种做法的传播。

剥头皮有很多目的，其中一些是宗教目的。猎取赏金的行为是由欧洲人引入的，但后来被认为是美洲原住民的习俗。

"大熊在法国人山丘建立了一个阵地，利用挖在山坡上的射击掩体建立了一个防御阵地。"

大熊在法国人山丘（Frenchman's Butte）建立了一个阵地，利用挖在山坡上的射击掩体建立了一个防御阵地。这个阵地受到了炮火的攻击，但加拿大人无法成功推进。他们在试图包抄大熊的阵地时被对方的机动分队击败，而克里人对加拿大人后方的渗透最终导致斯特兰奇少将下令撤退。

在经历了6月卢恩湖（Loon Lake）的败仗后，克里人再也无法继续战斗了。庞德梅克试图求和，但被逮捕和监禁。他的养父克罗夫特得以释放，但庞德梅克很快就在监禁期间由于身体原因而死亡。

因纽特人

今天，加拿大的原住民有三大群体。大多数美洲原住民群体都把自己称为第一民族，其中许多群体在美加边境两边都有成员。梅蒂斯人被认为是独立于第一民族和欧洲人后裔的一个民族。因纽特人是居住在北极的民族，分布在阿拉斯加、格陵兰岛以及加拿大北部。他们所处的恶劣环境导致了他们与南方邻居不同的文化发展。

因纽特人到达北美大陆的时间较晚，随着气候较温和的土地被潜在的敌对部落住满，他们留在了遥远的北方。他们的语言随着时间的推移而分化，但都属于因纽特 - 阿留申语系，与其他北美语系如原始易洛魁语系或原始阿尔冈昆语系截然不同。

因纽特人是游牧民族，随着季节变换而移动。夏天，他们住在用兽皮搭建的帐篷里。木材很难得到，通常是能被发现并打捞的漂流木。在冬天，用冰块建造的冰屋提供了庇护。使用冰块这一唯一现成的建筑材料，一个熟练的建筑工人可以在短短的半小时内把一个冰屋组装起来。

这一普遍规则也有例外。那些生活在植被较多地区的因纽特人，特别是大陆西部的因纽特人，通过挖洞和盖一个覆盖着草皮的木制屋顶，建造一个半地下小屋。这些半永久性的住所能在冬季部落无法迁徙时提供良好的庇护。

因纽特人不事农业，在某些地区，他们只能在夏季短时间内采集可食用的植物。因此，他们必须通过捕猎满足所有的需求。因纽特人在冰上猎取海豹、海象甚至鲸鱼，在陆地上猎取鸟类和兽类。一些部落几乎完全依赖驯鹿，而其他部落则猎取更多种类的动物。钓鱼也很重要，夏天可以在独木舟上钓鱼，冬天可以通过冰洞钓鱼。

鱼叉是因纽特人最重要的武器之一。受伤的海豹可能会在冰下逃跑或在死前游走，但通过使用带有鱼线的鱼叉可以把它们带回来，海豹皮浮子可以确保猎物不会沉下去。因纽特人的鱼叉是很复杂的工具，对付每一种猎物都有不同的叉头，它们也可用于捕鱼。

大多数因纽特人的工具和武器都使用骨头或石头制成。乌鲁（ulu）是一种典型的石刀，刀刃连接在鹿角或海象牙制作的柄上。因纽特人在需要时可以将之作为武器使用，它也是剥动物皮和执行其他各种任务的工具。

总的来说，因纽特人是一个和平的民族。由于选择生活在如此严酷的环境中，他们没有面临那么多的竞争，因此不像更南方的部落那样，需要一种战士文化。因纽特人面临的最常见的威胁是危险的动物，如受伤的驯鹿或北极熊，这些都是需要利用狩猎技巧来解决的。

然而，因纽特人有能力战斗而且确实战斗过。当北欧人在纽芬兰登陆时，他们

与在平原或森林中打猎相比，在岸边捕鱼和猎取海洋哺乳动物的技能更不利于作战，但因纽特人的敌人很少，很少需要战斗。

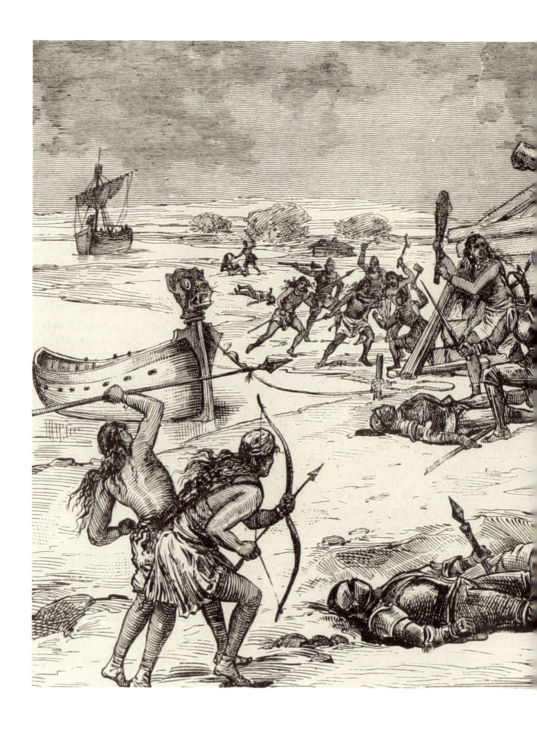

很快就看不起被他们称为"斯克赖林"（可怜虫）的当地人，并将当地人视为石器时代的原始人。当地人的武器和工具确实是由石头制成的，但他们并不原始。被欧洲人虐待了一段时间后，因纽特人向北欧人发起了攻击，把他们围困在营地里，就像南边的部落让欧洲人无法在堡垒周围立足一样。

最终，因纽特人的战士将欧洲人赶出了他们的土地，恢复了他们的和平生活。南方的部落当时可能还不知道这件事。欧洲人最终来到北极地区，但恶劣的条件再次保护了因纽特人，比任何战士都更有用。欧洲人并不想在因纽特人居住的地方定居，所以双方几乎没有冲突。因此，当其他原住民文化被摧毁或改变得面目全非时，因纽特人的生活方式却得以幸存。

在这幅关于索瓦尔德·埃里克森战败的想象图中，仍然不能确定里面的原住民是谁，但用来称呼他们的"斯克赖林"也被用于称呼格陵兰岛上的因纽特人。

第三章
大平原部落

  阿巴拉契亚山脉以西是内陆低地，密苏里河和俄亥俄河从这里流过，汇入密西西比河。低地以西是大平原，由北向南从麦肯锡河延伸到格兰德河。

苏族（Sioux）和黑脚族战士之间的战斗，展示了传统武器长矛和战斧与火器一起使用的情景。

大平原的大部分地区的海拔相当高。西边的落基山脉产生了雨影效应，使来自太平洋的湿润空气在山脉西侧沉积，导致大平原的半干旱气候。

有一些高地上有广阔的森林，但大平原大部分地区是干燥的大草原和草地。大平原的气候可能是极其多变的。冬天往往是寒冷的，夏天是温暖的，但不同地方差异很大。当来自落基山脉的暖风"奇努克"（Chinook）吹来时，温度会在很短的时间内迅速上升。

这里的生活与东北部的林地或俄亥俄河谷非常不同。木材可用于建筑，但对大多数美洲原住民来说，永久性建筑并不是一种选择。部落需要不断迁徙以捕捉猎物，这在马被引入美洲之前是很困难的。因此，大平原在17世纪之前一直人口稀少。在此之后，各部落开始向西迁移——或被迫这样做——而定居大平原。

保留地和印第安事务官

为美洲原住民部落建立保留区的想法早在美国独立之前就已产生，到18世纪60年代中期，土地购买和管理规则的框架已经就绪。这些规则并不能完全起效，1824年成立了印第安事务办公室（Office of Indian Affairs），以理顺所出现的复杂情况。印第安事务办公室前身是1806年成立的印第安贸易办公室（Office of Indian Trade），该办公室的职权范围较窄，主要关注毛皮贸易。其基本理念是，美国政府和各部落之间的条约将取代已经——或尚未——被当地接受的零散的地方协议和非正式协议，将每个部落视为一个主权国家。

无论这些条约是否经过真诚的谈判，在许多情况下，它们很快就被废除或被新的协议取代了。根据这些协议，部落得到的保留地要小得多。同样，在将部落迁往新家园的过程中，本应给予的援助是零星的，而且往往不足，为迁徙造成巨大的困难。

"……在将部落迁往新家园的过程中，本应给予的援助是零星的，而且往往完全不足……"

在保留地上的生活往往很困难，因为最好的土地往往给了白人殖民者——或被拿走。一个部落无法在被授予的土地上养活自己，由此引发的一些矛盾迫使部落成员离开保留地，反过来引发了军事干预。

1887年9月，蒙大拿地区克罗族（Crow）保留地的印第安事务官将庆祝战胜黑脚族的枪声误认为是攻击，引发了克罗族与美国政府之间的战争。

作为部落和美国政府之间的联络人，印第安事务官如果体面地完成任务，是吃力不讨好的，但对那些有贪污倾向的人来说，这是一个机会。在没有事务官中饱私囊的情况下，对部落的援助已经够少了，而且事务官的更替率也很高。他们被赋予阻止部落制造麻烦，并在其管辖范围内执行联邦政策的期望，这是一项既困难又不受欢迎的任务。

在加拿大，虽然印第安事务部直到1880年才成立，但也实施了类似的事务官制度。在加拿大和美国，这些事务官拥有足够的权力，他们往往能够篡夺本应属于部落领导人的决策权。

波尼人

波尼人（Pawnee）从16世纪起就居住在大平原上，可能在此之前也是如此。与后来到达的人不同，他们过着定居生活，一年中大部分时间都生活在土屋里，并种植庄稼。波尼族人狩猎野牛，他们派出的狩猎队伍住在搭建有尖顶帐篷的临时营地里，但狩猎的时间很短，不涉及整个部落的迁移。

波尼族并不是一个特别好战的民族，他们遭受着那些移居到平原地区的人的侵扰。事实上，许多波尼族人被当作俘虏并作为奴隶出售，以至于加拿大对美洲原住民奴隶的称呼是"彭尼斯"（panis，是该部落名称的变形）。早在欧洲人到来之前，奴隶制在北美的原住民中就很普遍。在战争中被俘的人可能会认为自己很幸运能被奴役，他们的另一种命运通常是仪式性的折磨，或者最多就是快速处决。然而，有些俘虏被收养到部落中，要么是为了弥补损失，要么是因为他们给俘虏者留下了深刻印象。

波尼族在其社会中确实有一个战士阶层，还有猎人和药师。后者有两种类型：与精神世界打交道的萨满巫师和引导该部落仪式的祭司。这些仪式包括人牲，有些部落有这种做法，但绝非所有部落都有。通常情况下，牺牲的对象是奴隶或适合于

"……仪式包括人牲，有些部落有这种做法，但绝非所有部落都有。"

与来复枪相比，卡宾枪更受战士们的青睐，因为卡宾枪更方便在马背上使用，而在步战时的精确度也不低。

内布拉斯加州普拉特（Platte）河谷的一个波尼族营地。波尼族人通常与美国政府结盟，对抗他们传统的美洲原住民敌人。

仪式的俘虏。

　　战争俘虏受到一些部落的青睐，但波尼族在春天举行的晨星仪式（Morning Star Ritual）需要一个年轻女孩。已知的最后一次晨星仪式发生在1838年。

　　波尼族是苏族和夏安族（Cheyenne）的敌人，在美国政府对抗两族的战争中，他们自然成为美国政府的盟友。波尼族侦察兵在1865年的粉河（Powder River）远征以及对科曼奇人（Comanche）和苏族人的战争中表现出色。同时，波尼族战士们被雇佣为不断扩张的铁路的警卫。

长矛

　　长矛（spear）是狩猎和战争中最基本而有效的武器之一，也是美洲原住民部落最早开发的武器之一。马被广泛使用后，更长的矛就被引进来。人们习惯于把在马背上使用的类似长矛的武器称为长矛（lance），尽管两者之间存在着模糊的区别。

长矛最初由石头制成矛尖，虽然后来引入了金属矛头，但只要有合适的材料，如燧石，任何人都可以制作可用的长矛。长矛扩大了骑手的攻击范围，并且能够向任何方向刺去。美洲原住民在马背上使用他们的长矛，就像他们在步战时一样，在他们骑马经过时刺向目标，而自己不被触及。

在狩猎野牛的过程中，长矛被用于第一时间击伤动物。由于单次打击很难击倒如此大的动物，所以猎人会在它旁边骑着马反复刺击，直到猎物倒下为止。长矛在战斗中的使用方法并没有多大不同。

即使是集体作战，美洲原住民的骑兵也是作为战士而不是经过正式训练的骑兵来作战的。他们攻击任何出现的目标，然后骑马离开战场。陷入混战并没有什么好处，相反，每个骑兵都遵循一种被现代战斗机飞行员描述为"打一枪就跑"的理论。

这种进攻方式的整体效果能导致目标陷入困惑。战士们飞奔而过，进行一次攻击，然后消失，而其他人则从不同方向冲过来。伴随着马背上的弓箭声或枪声，这种作战方式发挥了单个战士和专业骑手的优势。

阿普萨洛克（Apsaroke，或克罗）部落的人装备有长矛，这是一种多功能武器，使优秀的骑手能够向任何方向刺去，同时保持自己处在对手的攻击范围之外。

夏安人

夏安人在18世纪初迁移到大平原上。在此之前，他们因与其他部落的冲突而进行了几次迁徙。17世纪时，夏安人居住在现在的明尼苏达州，他们在1689年遇到了法国商人。为了控制利润丰厚的毛皮贸易，夏安人与其他部落——特别是苏族和齐佩瓦族——爆发了冲突，夏安人被迫迁出该地区。

18世纪初，夏安人迁移到夏安河流域，这是温尼伯湖（Lake Winnipeg）以南的红河（Red River）支流。在那里，他们组建了一个定居的社区，建造半地下式房屋作为住所，主要依靠耕作生活。猎杀野牛的活动大约从这个时候开始，他们派人到平原上狩猎，然后返回部落的村庄。

与欧洲人的接触使夏安人有了马，他们在18世纪80年代向西迁移到黑山（Black Hills）。在那里，他们开始依赖野牛，利用马匹在更大的范围内打猎，并住在尖顶帐篷里，使部落能够跟随野牛群。四十四人会议（Council of Forty-Four）就是在这个时候成立的。组成夏安族的10个部落中的每一个都选出四个酋长与会，还有四个"老人酋长"（old man chiefs）因其智慧和对部落的长期服务而被选中。

夏安族猎人骑着马四处奔波的行为不可避免地引起了与其他部落的摩擦，这些部落对夏安人侵入他们的猎场感到不满。夏安人在这些冲突中具有优势，这不仅是

夏安人的首领们聚集在一起参加太阳舞仪式，这种仪式在夏初或春末举行。

因为他们拥有马匹，还因为他们从欧洲商人那里购买了枪支。尽管他们已经西迁，但该部落并没有失去与欧洲贸易伙伴的联系，还从这种联系中获益良多。

由于贸易方面的内部纠纷，夏安人在1825年左右分裂成北部和南部部落。北部夏安人迁往蒙大拿，南部迁往俄克拉荷马。白人殖民者的入侵受到了该部落四个战士社团的抵制，1830年后，出现了第五个社团，被称为狗人（Dog Men），但通常被外人称为狗兵（Dog Soldiers）。第六个社团——疯狂（或愚昧）狗（Crazy [Foolish] Dogs）——后面才出现。

军事社团在夏安人的管理和战斗力量方面与四十四人会议形成了对比。他们的传统敌人包括阿帕奇人（Apache）、科曼奇人和基奥瓦人（Kiowa）。狗人最终成为部落中的一个独立游团，而不是一个军事社团，这主要是由于他们的领袖豪猪熊（Porcupine Bear）介入了他的两个表（堂）兄弟之间的醉酒争斗，并杀死了其中一个。他因杀害同族成员而被驱逐，有一段时间，狗人被迫与其他夏安人分开生活。

1849年的霍乱疫情严重消耗了夏安人的力量，而狗人在吸收了其他团体的幸存者后，逐渐被视为部落内的一个游团。虽然被视为亡命之徒，但他们领导了反对白人侵占的斗争，逐渐摆脱了亡命之徒的称谓。

新世界的马

马不是美洲的原生动物，在欧洲人到达之前，所有的部落都是徒步打猎或战斗，步行或使用独木舟进行运输。那些在东北部林地的人相对来说没有什么动力采用骑乘动物，但对于平原部落来说，马在战争和流动性方面提供了巨大的优势，一旦一些部落获得了马匹，那么他们的邻居也不得不这样做。

最早的马匹由西班牙探险队引入加勒比群岛，然后进入墨西哥。第一批定居点建成后，马的育种工作或多或少就开始了：牲畜可以随意游荡并自然繁殖。野生马群开始出现，一旦利用马匹的优势显现出来，当地部落就会利用这种优

势。到17世纪中期，欧洲殖民者将马匹带入东部沿海地区时，最初西班牙人带来的马群的后裔已经扩散到墨西哥北部和大平原南部了。到了1750年，生活在西北部的部落已经可以获得马匹，并且马匹已经成为美洲原住民生活中的一个组成部分。

部落的领导人身着盛装。头饰上的每根羽毛都代表着为部落所作出的受尊敬的行动或明智的决定。

苏族联盟

19世纪初，苏族联盟向西迁徙到大平原，分裂成三个联盟的部落。他们是拉科塔族、达科塔族（Dakota）和纳科塔族（Nakota）。每个部落都由几个游团组成，其中拉科塔部落是最大也是最好战的。他们在平原上的生活方式与其他游牧部落相似，村庄随着野牛的移动而移动，或前往其他猎物丰富的地方。

像其他一些部落一样，苏族人制作干肉饼，用来保存食物过冬或用于长途旅行。干肉饼是将野牛肉干燥并切碎，然后与野牛脂肪混合制成的。还可能添加了其他成分，如干果或浆果。干肉饼在冷却后变硬，成为一种可储存的高能量食品，可以保存一年甚至更久。

欧洲人，特别是哈德逊湾公司，都在寻找干肉饼。该公司认为它很适合作为跨越大西洋运输的口粮，并在其沿红河的站点购买了足够数量的干肉饼，将对干肉饼贸易的控制看得几乎与毛皮贸易一样重要。然而，对于

"干肉饼是将野牛肉干燥并切碎，然后与野牛脂肪混合制成的。"

干肉饼通常用干果或浆果调味。这里一位夏安妇女正用石臼和石杵准备野樱桃。

苏族和其他平原部落来说，干肉饼主要是作为一种越冬的物资储备。

　　苏族与其他平原部落有许多相似之处，但他们讲自己的语言，遵守自己的习俗。他们的服装一般与其他部落的服装相似，妇女在仪式上穿着有复杂装饰的衣服。装饰往往代表着他们的家庭在战争、狩猎或其他场合中赢得声誉的事迹。

　　对男人来说，由毛皮、珠子和鹰的羽毛组成的头饰象征着成就。其他部落也采用了类似的做法，各部落的羽毛头饰设计各不相同，但苏族可能是最初的创造者。头饰中的羽毛是因英勇事迹或有益于部落的明智行为而逐一获得的，一个战士的第一根羽毛可能是在他成年后获得的。在战斗中佩戴一两根羽毛是很常见的，但全套头饰只在重要场合使用。

　　羽毛授予仪式被认为是一个重要场合，类似欧洲文化中的奖章颁发仪式。在被授予羽毛之前，战士可能会沉思并准备数日，然后将羽毛挂在柱子上展示，直到他有足够的羽毛做头饰。这是一项庄严的工作，只能由男人来完成，战士的朋友也会参与准备工作。

"羽毛授予仪式被认为是一个重要场合，类似欧洲文化中的奖章颁发仪式。"

　　1854年，苏族与美国政府发生冲突，当时美国士兵进入一个营地，逮捕了一名偷牛的部落成员。这超出了他们的职权范围，因为处理这类问题是分配给该部落的印第安事务官的职责。负责的军官格拉坦中尉（Lieutenant Grattan）刚被任命不久，他公然蔑视部落的人。人们普遍认为他实际意图开战。

"谈判破裂了，一名士兵紧张地开了枪，使征服熊受了致命伤。"

该部落拒绝逮捕行动，声称军队没有权限进行逮捕，而是应由印第安事务官处理。征服熊酋长（Chief Conquering Bear）试图通过谈判达成和解，提出用自己的财产赔偿牛的主人。谈判破裂了，一名士兵紧张地开了枪，使征服熊受了致命伤。

在后来被称为"格拉坦大屠杀"或"格拉坦事件"的行动中，格拉坦和他的一些队员很快被杀死。红云（Red Cloud）带人追赶剩余的士兵并杀害了他们。这一事件引发了第一次苏族战争，并且可以说是后来冲突的一个因素。

对苏族和大平原的其他部落来说，一匹好马是一种身份的象征，也是一种必要的工具，在适当的时候可以随意展示。

小伤（Little Wound）和苏族的其他酋长。小伤在屠杀峡谷（Massacre Canyon）与波尼族人作战，后来加入了鬼舞运动（Ghost Dance movement）。

格拉坦大屠杀的发生主要是由于一个没有经验的军官急躁冒进，并引发了对苏族的惩罚行动。

第一次苏族战争中美国军队采取了惩罚性远征的形式，于1855年8月开始。美国远征军攻击了位于灰洞（Ash Hollow）的一个苏族村庄，屠杀了苏族妇女和儿童，此后，该部队继续寻找其他目标。由于没有找到其他目标，美国远征军撤退了。在接下来的10年里，苏族人没有反抗美国对他们土地的持续侵占。1868年在拉勒米堡（Fort Laramie）签订的条约建立了大苏族保留地，但当在黑山发现黄金后，该条约就逐渐被忘记了。

19世纪初的火器

19世纪初，燧发武器是最好的武器。双管枪提供了无须重新装弹的二次射击，但除非有多件武器可用，否则仍然需要一个漫长的过程来准备另一次射击。有经验的战士利用这一点，诱使他们的对手仓促开枪，然后在重新装弹之前冲过去。在一个小组中，最好的枪手被别人递上装好弹的武器的情况并不罕见，这使他们能够固定一个射击位置并保持较快的射击速度。

火帽式武器的发展大大提高了个人火力。发射米尼弹的前装线膛枪比之前的燧发枪要准确得多，射程也更远，而且它们的火帽击发装置也更可靠。到美国内战时，尽管还有人在使用燧发枪，但是这种武器已成为步兵的标准装备，在熟手中可能非常有效。

火帽式左轮手枪是一个巨大进步。六个弹巢中的五个可以预装子弹——这是一个漫长的过程，需要用油脂密封弹膛——而最后一个弹巢则是空的，以避免意外的射击。开火然后冲进去的战术突然变得不那么可行了，特别是如果射手有额外的预装弹匣，准备在空枪时换到他的左轮手枪里。

沙溪大屠杀

1851年，美国政府在怀俄明地区拉勒米堡附近与几个主要部落的代表签署了一项条约，所涉部落包括阿西尼博因人、阿拉帕霍人（Arapaho）、夏安人、克罗

《拉勒米堡条约》（The Fort Laramie Treaty）是解决大平原上各部落与白人殖民者之间紧张关系的真正机会，但此时剩下的信任实在太少。

人和苏族人。根据其条款，美国政府保证这些部落土地的主权，并声明对这块土地设置了无索偿补助，将每年向这些部落付款，以换取前往俄勒冈和遥远西部的殖民者的安全通道。该条约还确立了各部落之间的和平条款。

《拉勒米堡条约》并不成功。在许多情况下年金并没有支付，克罗人与夏安人和拉科塔人的联盟之间几乎立即爆发了战争。该地区的黄金的发现吸引了一批殖民者，他们对财富比对条约更感兴趣。殖民者的涌入不仅仅意味着对部落领土的侵占。殖民者的城镇和矿场依靠当地的资源来养活他们的人口，这使猎物减少并直接导致部落挨饿。冲突不可避免，特别是在美国政府很少或根本没有试图控制殖民者的情况下。

1860年，美国政府提出了一个新的条约，根据其条款，各部落需要交出他们的大部分土地。一些酋长同意该条约的条款，但夏安人四十四人会议和狗人军事社团拒绝承认该条约。科罗拉多地方行政长官利用为内战而组建的部队，开始摧毁属于夏安人及其盟友的营地。夏安族首领希望展开和平对话，但在接近科罗拉多部队时被枪杀，局势升级为公开战争。那些不希望与美国政府作战的部落成员在战争期间受邀被安置在大沙溪，处于美国政府的保护之下，但许多人——并非没有理由——不信任这个提议。

对沙溪的攻击是针对非战斗人员和支持和平的酋长发动的，使得这次战争将比其他情况下持续时间更长、更野蛮。

因此，当美国军队于1864年11月抵达时，沙溪的营地里大多是妇女、儿童和老人。尽管有安全保证，而且安置点上空有飘扬的白旗，但美军还是发动了攻击，并进行了一场蓄意的大屠杀。在死者中，有许多一直反对战争的酋长，而那些主战派则在其他地方。夏安人和他们的联盟部落以他们自己发起的袭击和屠杀作为回应，尽管美国政府在调查中提供了对非战斗人员进行无谓屠杀的证据，但没有对任何沙溪大屠杀参与者提出指控。1865年美方又提出了另一项条约，并在几个月内再次进行了修订，大大减少了各部落保留的领土面积。

朱尔斯堡和普拉特桥战役

夏安人和他们的拉科塔与阿拉帕霍盟友对该地区的定居点进行了报复性袭击，特别是对现在的科罗拉多州的朱尔斯堡（Julesburg）。当时，这里是西行马车道上的一个中途站，附近有一个骑兵堡垒。夏安人没有攻击堡垒的防御工事，而是发动了一次小规模的攻击，然后迅速撤退，把骑兵吸引到他们后方。其目的是将驻军引到堡垒外的一个埋伏处，而这几乎要成功了。

被伏击队中过于急切的成员的射击惊动，骑兵部队在攻击开始时并没有进入杀伤区。相反，他们被迫起到堡垒的后面。一些骑兵被抓住并被压制，而其余的骑兵则设法进入堡垒并占据了防御位置。由于无法出击对抗优势巨大的美洲原住民部队，骑兵和前往要塞的平民被迫眼睁睁地看着驿站被抢劫和摧毁。

受这次失败的刺激，美国军队发动了一次惩罚性的远征。这是一次彻底的失败，军队只找到了一个最近腾空的营地，由于冻伤造成的伤亡，部队必须撤退。美国军队这次突袭的目标已经开始向黑山和粉河地区转移，他们利用自己的机动性对广泛地区的目标进行了打击。这些目标包括定居点、孤立的牧场和驿站，以及畜群，几百头牛被掠走。

各族行军时趁机第二次突袭了朱尔斯堡，而那里的骑兵分队除了在堡垒里躲避之外，根本无能为力。1865年7月，各部落进行了一次调动了约1000名战士的强势突袭。这次行动打击了几个目标，包括普拉特河的渡口和周围小路上

"一些骑兵被抓住并被压制，而其余的骑兵则设法进入堡垒并占据了防御位置。"

达科塔族的战士，苏族联盟的一部分。追逐这类战队总是很危险的，他们的领导人善于把追兵引向伏击区。

"美国的反应措施很糟糕。远征军未能找到他们的目标，他们的坐骑疲惫不堪……"

的驿站。寡不敌众的守军只能守住他们的防御阵地，让突袭者带走了大量的牲畜并烧毁了防御圈外的建筑物。那些被引诱出来追赶突击队的人遇到了埋伏并被打得落荒而逃。

美国的反应措施很糟糕。远征军未能找到他们的目标，他们的坐骑疲惫不堪，不得不返回基地。他们试图将一队拉科塔人从拉勒米堡转移出去，结果是这队拉科塔人加入了对美国的战争。同样，美军对普拉特河渡口的防御也很混乱，而且相当疲软，尽管桥没有被占领或摧毁。最终，由于美洲原住民之间的内部纠纷，而不是由于防御者的努力，原住民的进攻失败了。

美洲原住民的指挥和控制

原住民部落的军队是由一群战士组成的，而不是有组织的士兵。一群战士跟随他们选择的领导人，如果他们的领导人采取了他们不赞成的行动，成员可

骑马能力和马背技巧的展示鼓励了战士们磨炼自己的技能，因为他们试图超越其他人，给旁观者留下深刻印象。

以自由离开或加入另一队。因此，一支部队是由一群又一群人组成的，是由特别有魅力的领导人指挥大量战士的行动。这些领导人通过英勇行为和声誉赢得了追随者的尊重，但这并不一定能转化为战略方面的天赋。将一支庞大的部队聚集在一起并持续一段时间几乎是不可能的，而强制执行军事纪律也同样困难。有时，属于狗人社团的有经验的战士能够使部队中不太守规矩的人保持一致，但一个精心策划的伏击或协调的攻击往往会被几个追求荣誉或掠夺的头脑发热者破坏。

迁徙中的部分部队可能会抽身去打猎或突袭，或者在缴获了马匹或其他似乎足够的战利品后返回家园。因此，战役往往会因为不是很成功或者因为成功到足以满足战士们对马匹和荣耀的渴望而告终。

那些与敌人有深仇大恨的人，或者军事社团的成员，或者对某位酋长高度忠诚的人，可能会被说服坚持下去，但在大多数情况下，大型战役是一种短暂的合作，而不是一种协同努力。

这种缺乏正式组织的情况使得和平和战争一样困难——在任何时候，一些团体都希望和平，但其他团体却死心塌地地为了利益或为了报复对其族人的攻击而进行袭击。

粉河远征

美国军队1865年7月发起的粉河远征是一次惩罚行动，是对普拉特河和朱尔斯堡遇袭的报复。该远征使用的是同时期欧洲列强进行典型的"殖民"战争所采用的战略。由于不可能部署足够的部队来压制一个地区，因此关键点被保卫起来，并通过惩罚性袭击来阻止攻击。这种战争模式与美洲原住民部落使用的战争模式并无不同，他们不可能在战场上长期维持大量的部队。

此次远征的目的是建立一个基地堡垒，并在主力部队撤退后帮助控制该地区。远征派出了三个平行纵队，向预计的堡垒地点推进。此次行动的命令是明确的——不同意和平协商，被俘的战士将被处决。一些军官试图反对这些命令，而且无论如

尽管为粉河远征所组建的部队非常强大，但其补给"尾巴"使其移动速度慢，容易受到机动性更强的部队的攻击。

何，这些命令在战场上并不总被遵守，但其意图是明确的。

战役开始时，双方在推进过程中发生了小规模的冲突，并各有胜负。美军一组补给车被困住，几天都无法移动，直到一支救援部队抵达并赶走了周围的美洲原住民。即使没有持续的攻击威胁，对美军来说，前进也是艰难的，士兵们由于缺乏补给和士气低落而受苦，而部落的骚扰战术使这种情况更加糟糕。尽管如此，纵队还是向黑山附近的会合点进发。到1865年9月初，一支纵队在阿尔卡利溪（Alkali Creek）扎营。这支强大的部队或多或少对直接攻击产生免疫力，但事实证明他们还是很容易受到美洲原住民惯用战术的影响，即中了调虎离山之计而后被击溃。

原住民一次偷马的突击行动达到了双重目的：一是吸引干预，二是满足战士们的愿望，让他们的努力有所回报。美军试图回应的小部队遭到伏击，在接下来的几天里，狩猎队也遭到伏击。此时，美军缺乏食物，并无法坚守在自己的位置上。他们不得已继续行军，希望能与主力部队会合并获得补给，但在途中受到了原住民的骚扰。

美军纵队不能确定彼此的位置，侦察队受到攻击使这一问题更加严重。他们被迫做出最好的猜测并继续前进，希望能遇到友军或至少有他们通过的迹象。在敌对地区的这种摸索使

"即使没有持续的攻击威胁，对美军来说，前进也是艰难的，士兵们由于缺乏补给和士气低落而受苦……"

钩鼻是一个英雄式的领袖而不是一个战略家。他喜欢的战术是亲自把敌人的火力从他的战士身上引开，相信他极强的"药力"可以保护他。

一个纵队接近了一个由阿拉帕霍人、夏安人和苏族人组成的村庄，他们的战士发起了攻击。这发展成了一场战斗，其中夏安族领导人钩鼻（Hook Nose，又称罗马鼻）骑着马在敌人面前来回走动，嘲弄他们，直到他的马最后被射杀。

这是钩鼻最喜欢的战术，既可以使敌人浪费弹药，还可以用他表面上的无坚不摧来消耗敌人的士气。他把这归功于他精心的战斗准备，他勤奋地准备用他的精神力量和药物来挫败敌人。虽然钩鼻在这次战斗中失去了一匹马，但他在这次事件中幸存下来。

在大炮的轰击下，美洲原住民的攻击最终溃散了，战士们撤到了粉河沿岸的树林中。他们仍然紧贴着纵队，在纵队沿河缓慢移动时持续骚扰他们。最终，侦察兵找到了这支队伍，并将其引向由其他部队建立的康纳堡（Fort Connor）。抵达康纳堡的部队饥寒交迫，在军事上毫无用处，也无法开展进一步的行动。建立堡垒的目标已经实现，但远征队除了为该地区的部落提供一个目标外，没有取得任何成果。

> "美洲原住民战士总是可以选择从一场失败的战斗中撤出，但美国部队从未这样做。"

　　美洲原住民的骚扰战术是出于必要而采取的——美军纵队中的步枪和火炮太多，正面攻击不可能成功——而它们很有效。跟踪美军的美洲原住民部队可以选择什么时候进攻，什么时候保持在射程之外，从马车纵队必须经过的掩护位置进行射击。美洲原住民战士总是可以选择从一场失败的战斗中撤出，但美国部队从未这样做。因此，骚扰不仅是造成伤亡和剥夺马车队觅食能力的问题，也是一个强大的心理博弈。在这种情况下，这种战术取得了部分成功——粉河远征队在战术上被击败，尽管其实现了在波兹曼小径上建立堡垒的战略目标。

马车被美洲原住民战士袭击的典型情景更多的是流行小说的产物，而不是现实，尽管袭击确有发生。

盔甲

在寒冷的天气里，平原部落的战士穿着鹿皮衣服，可以在一定程度上保护他们免受武器的伤害，但他们很少使用特意制作的盔甲。唯一的例外是用骨头做成的胸甲，多做成发管并穿在绳子上。胸甲被绑在脖子后面和背上。

这种盔甲究竟能提供多少保护仍然值得商榷。箭和子弹等投射物很容易穿透它，但手持武器的拙劣打击可能会被防御，任何防护都比没有好。胸甲的主要好处是精神上或心理上的——战士自己感觉受到保护，因此在战斗中更有底气。

这类盔甲具有重要的仪式性功能，并经常用羽毛或其他信物进行装饰。仪式方面的功能也增强了盔甲的保护性——至少对那些在美洲本土文化中长大的人来说是这样——因为它为穿戴者提供了可能的神奇保护，远远超过了它的物理防御能力。

骨质胸甲是一种装饰性很强的物品，也是战士的标志，不管它的物理防御能力有多强。

波兹曼小径

在如今的科罗拉多州发现的黄金引发了当年的派克峰（Pike's Peak）淘金热，随着新的和更有前景的矿藏被找到，淘金热向北涌动。19世纪60年代初，勘探者们纷纷来到蒙大拿地区。其中就有约翰·波兹曼（John Bozeman），他很快意识到，真正的钱是从矿工那里赚来的，而不是成为他们中的一员。他决定开发一条从俄勒冈小道到新金矿区的更容易和更快的路线，并且不顾当地"山地人"的建议，选择了一条直接穿过苏族土地的路线。

从地理上看，这是一条很好的路线，因为他避开了崎岖的地形，路线上的粉河沿岸是良好牧场。然而，出于同样的原因，这里也是主要的狩猎地，而且在1851年的《拉勒米堡条约》中，它已经被确保划给了苏族人。当波兹曼带领第一支队伍沿着他的新路线前进时，他们遇到了警告他们回头的原住民战士。大多数人回头了，但波兹曼和其他少数人溜了过去，证明了这条路线的实用性。1864年，马车队开始使用这条路线，一开始没有受到激烈的反对。为了保护马车队和沿途的畜群，人们修建了堡垒，但这引起了当地部落的极大不满。紧张局势的加剧进一步推动了朱尔斯堡和普拉特桥袭击事件的发生。

波兹曼小径是导致殖民者与它所经过的土地上的部落发生冲突的一个主要因素。约翰·波兹曼最终在这条小路上遭遇了灭顶之灾。

达科塔战争

作为苏族联盟的一部分，1851年达科塔人与美国政府达成了一项条约。根据该条约的规定，他们被授予在明尼苏达河边的保留地，让出他们的土地以换取政府的定期付款。但这些钱迟迟没有支付，或者根本不打算支付，而且很多钱都被印第安事务办公室的事务官侵吞了。到1862年，达科塔人正遭受着巨大的困难，他们无法用他们仅有的保留地的资源养活他们的人民，也无法购买他们所需要的东西，因为政府承诺的付款再次丢失或延迟。当钱终于到位时，冲突已经开始了。

达科塔的部落领导人可能没有发动战争的意图，但当一支狩猎队杀死一群白人殖民者时，冲突就不可避免了。达科塔人决定不等待美国军队的到来，而是对当地的定居点发起一场战役。达科塔族首领小乌鸦（Chief Little Crow）写信给当局，解释了他的部落为何走上战争道路，并提到当地商人的无情和蔑视态度：他们拒绝让该部落赊账获得急需的食物。

达科塔人的小乌鸦酋长采用了许多欧洲人的习俗和穿着方式，但他最终拿起武器，在1862年的达科塔战争中领导他的人民。

定装弹药火器

19世纪初，第一种整体式子弹被生产出来，但使用这种子弹的武器还需要一段时间才能被广泛使用。事实上，对于那些远离工业中心的人来说，获得一种需要预先生产的特定弹药的武器并不理想。对于使用者来说，枪支的火药和火帽是通用的，因此只有子弹需要特制。一旦他用一种使用定装弹药的火器来武装自己，情况就会改变。

然而，快速装填和发射的能力，以及更均匀的装药量，反过来又提高了枪支的精度并提供了许多优势。装备有单发后膛枪的战士可以胜过装备有燧发枪的战士，而且可以在马背上重新装弹。连发火器则更进一步。一个步枪手的射击速度与他操作枪栓或杠杆的速度一样快，他就可以在重新装填前装线膛枪的时间内装填数发子弹。

最早的泵动式霰弹枪出现在19世纪中期，到19世纪末时，早期的半自动武器开始出现。像加特林枪这样的机械操作武器在19世纪中期也出现了，尽管第一架真正的机枪直到19世纪90年代才出现。

早期的武器在定装弹药枪械出现后仍在使用。单发步枪对于猎人来说完全够用，如果带去打仗，战士可以在掩体中瞄准射击，然后在重新装弹时消失。

同样，弓箭和长矛在那些熟手中仍然是可行的武器。然而，美洲原住民部落看到了先进武器的价值，并在可能的情况下获得了这些武器。有时，他们的武器甚至比美国派来对付他们的部队的武器更先进，因为后者往往还装备着内战后留下的武器。

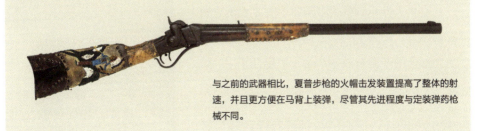

与之前的武器相比，夏普步枪的火帽击发装置提高了整体的射速，并且更方便在马背上装弹，尽管其先进程度与定装弹药枪械不同。

在突袭中最先被杀害的是一名商人，他曾发表过煽动性的评论，大意是如果部落如此饥饿，就应该吃草。他的尸体被发现时嘴里还含着草。随后达科塔人对几个定居点进行了袭击，迫使人们离开该地区。一个最初反击的步兵连在明尼苏达河遭到伏击，并在红木渡口战役中被击败。

绕过里奇利堡（Fort Ridgely），达科塔人袭击了新乌尔姆（New Ulm）并部分烧毁了该镇，但守军能够在一个简易的防御阵地上坚持下来。一旦增援部队到达该镇，达科塔人就中断进攻，转而进攻里奇利堡。他们无法穿透防线，但他们的攻击束缚了美军的手脚，因此美军无法进攻或增援受威胁地区。这使达科塔人能够在几乎没有抵抗的情况下攻克几个小型前哨，如驿站和小定居点。

美国由于正在进行的内战，反应速度很慢。最终，一支由约翰·波普将军（General John Pope）领导的部队被召集起来，如果谈判失败，这支部队将与达科塔人作战。小乌鸦愿意进行谈判，并概述了战争的原因，但美国希望达科塔人无条件投降。新组建的美军由于缺乏补给和武器而行进缓慢，在行军过程中容易走散，成为攻击的理想目标。

达科塔人原定的伏击被美军一支觅食的先遣队提前触发，带来了一场遭遇战而非伏击战。一些美国部队的经验对战争产生了决定性作用。虽

在1862年8月19日的小规模冲突之后，新乌尔姆战役于23日正式开始。超过600名达科塔战士参加了战斗。

然有些部队充斥着新兵，但明尼苏达州第三志愿步兵团是老兵编制，他们的部队领导了战斗，为他们没有经验的战友赢得了足够的时间。这场被称为木湖战役的战争以美军的胜利而告终。小乌鸦的威望被削弱了，主和派酋长们推动了和平进程。

更多伤亡的前景使继续作战变得难以接受，达科塔族的大部分人投降了。他们最终加入了其余的部落，被迫向西迁徙。

穿着欧洲服装的小乌鸦酋长。他的名字是 Thaóyate Dúta，译为 "他的红色民族"。

勇气杖

"触碰记功"（Counting Coup）是一种展示技巧和胆量的行为，在这种行为中，战士会接触但不伤害敌人。这可能是用武器完成的，但如果战士用手或"勇气杖"触碰敌人，在上面刻下记号表示成功打击，则成就更大。这种行为也被计入诸如偷马或接触敌人的房屋或防御工事的功绩中。

靠近敌人后进行任何打击都是危险的，而选择在此基础上不使敌人失去行动能力的战士则要冒更大的风险。碰触到敌人，然后在不受伤的情况下逃脱，被认为比在尝试中受伤更有成就，当然负伤仍然会受到尊重。展示这种勇气和技巧的人可能会得到老鹰羽毛的奖励，这些羽毛被绑在勇气杖或头饰上。其他记功信物则包括头皮、珠子和衣服上的装饰。

触碰记功不仅仅是为了显示个人地位。一个被碰过但没有受到伤害的敌人可能会意识到他得到了能力和克制的示范，并可能被诱导去谈话而不是继续战斗。触碰记功也被当作一种训练方法，战士们在非致命的战斗中互相记分。那些被认为是弄虚作假的承认自己被碰过的人有可能真的被打。

红云之战

在粉河远征队几乎失败后，美国政府试图强行让美洲原住民签订一项条约，以保证使用波兹曼小径的人的安全。同时，一支由大约700名政府军组成的部队被调入该地区。红云，奥格拉拉科塔族（Oglala Lakota）的一个酋长，不愿意被迫签订条约，并决定战斗。

部署在该地区的美军在他们的堡垒中是相当安全的，至少在短期内如此。然而，在1866年12月，威廉·费特曼上尉（Captain William Fetterman）违背上司的命令，带着80人从菲尔科尔尼堡（Fort Phil Kearny）出发。此次被称为费特曼大

"红云，奥格拉拉科塔族的一个酋长，不愿意被迫签订条约，并决定战斗。"

屠杀或费特曼之战的行动竟无一人生还。1月中旬，来自拉勒米堡的援助请求使一支救援队进入该地区，但大规模惩罚性远征的计划很快就无果而终。

1867年，敌对行动继续进行，一支伐木队遭袭，其护卫队被证明配备了后膛枪，使他们比对手更具火力优势。伐木者和他们的护卫部队在一个由马车和箱子拼凑起来的仓促工事中作战，且成功地保护了自己。他们对数百名美洲原住民伤亡的估计可能是错误的，部落后来说他们在这次行动中损失了六名战士，这次行动被称为马车箱之战。

小规模冲突一直持续到1868年，当时在拉勒米堡签订的新条约保证将普拉特河以北的土地交给各部落。波兹曼小径堡垒被放弃，之后部落将其烧毁。因此，红云之战以美洲原住民的胜利而告终，该地区在未来几年将再次出现冲突。

红云是一位德高望重的战士，他曾经在与波尼族和其他部落的战争中表现突出，触碰记功不少于80次。

克罗人

克罗人从东北部林地地区迁移到大平原，可能在伊利湖和密西西比河上游附近。他们被逐渐推向西部，特别是因为苏族人。虽然克罗人与苏族人有关系，至少在语言上如此，但他们通常是敌人。最终，克罗人在黄石河周围定居，并采取了该地区典型的游牧生活方式。

克罗人将马匹交易给其他部落，并利用自己的马匹进行贸易探险。他们对白人殖民者没有敌意，并与美国政府站在一起反对他们的传统敌人苏族。这是受他们的首领普兰蒂·库普斯（Plenty Coups）的鼓励。他在年轻时有一个预言，认为白人将统治这片土地，而那些反抗的部落将被摧毁。

普兰蒂·库普斯鼓励与美国政府合作，尽管他的部落不得不像其他部落一样接受保留地，但他们获得了当前的家园。克罗族战士担任美国军队的侦察兵，有时还把政府军从灾难中拯救出来。一小队克罗族侦察兵目睹了小大角（Little Big Horn）的灾难，随后向当局报告了这些事件。

费特曼大屠杀体现了一个熟悉的模式：一个过度自信的领导人将他的部队置于可能被压制的地方，而他的部队则付出了代价。

"普兰蒂·库普斯"是"Alaxchiiaahush"的英译，意思是"功勋加身"——这个名字可不是随便起的。

普兰蒂·库普斯的名字来源于他在战争中的成就。要想成为酋长，克罗族战士必须完成四项具体的壮举：带领一支战争队伍，在没有任何伤亡的情况下取得成功；从敌人那里偷走一匹马；在战斗中用勇气杖接触敌人；以及从反抗的对手那里夺走武器。普兰蒂·库普斯在年轻时做了所有这些事，甚至更多，终于在1876年成为一名酋长。在他后来的职业生涯中，他多次代表他的人民访问华盛顿，并代表美洲原住民参加了无名战士墓的落成典礼。他的勇气杖和战争帽至今仍然在那里展出。

黑山战争

1874年，一支由乔治·阿姆斯特朗·卡斯特（George Armstrong Custer）率领的探险队被派往黑山，以寻找一个合适的地点建立堡垒并寻找黄金。关于金矿脉有多丰富还有一些争论，但矿藏的发现引发了一股热潮，探矿者和矿工无视他们的政府签订的条约。美国当局试图阻止对美洲原住民土地的侵占，但收效甚微，这一努力很快就被放弃了。政府随后试图购买含金的土地，但这些土地是保留地中为数不多的有价值的部分，原住民们自然拒绝出售。

"……矿藏的发现引发了一股热潮，探矿者和矿工无视他们的政府签订的条约。"

普兰蒂·库普斯代表他的人民数次访问白宫，并得以确保他的人民在他们祖传的土地上的未来。

　　包括红云在内的一群酋长在华盛顿会见了美国政府官员，并列举了以前的条约和保证。政府反驳说，根据一项协议的条款，政府购买他们的土地，部落将搬迁到俄克拉荷马地区。代表团不愿意接受，至少部分是因为以前的条约没有得到遵守。他们两手空空地回到了自己的部落，而美国政府则开始探索其他的选择。

　　阻止保留地被侵占的努力被中止，所有美洲原住民被下令返回他们的保留地。由于冬季来临，这显然是不可能的，不服从命令被美国当局作为其实施惩罚性行动的借口。这始于约瑟夫·雷诺兹上校（Colonel Joseph Reynolds）指挥的骑兵对粉河边的夏安人营地的突袭。夏安人没有敌意，被打了个措手不及。

如果没有像这样的克罗族侦察兵的帮助，可以说美国军队在对大平原部落的作战中会表现得更糟糕。

战士们把族人带到安全地带，然后他们开始了反击。虽然定居点被烧毁，数百匹马被美国骑兵俘获，但他们仍然在附近悬崖上以火力抵抗美国骑兵。

> "还有些人则是由于美军袭击了一个没有敌意的定居点而被推入战争阵营。"

骑兵们撤退了，但直到第二天才找到他们的支援部队及其携带的物资。在此期间，夏安人大部分被俘的马匹被他们的一支突击队取回。该部落因这次突袭而陷入贫困，但伤亡甚微。原住民们对美军的印象是他们软弱无能，这鼓励了那些想要战斗的人。还有些人则是由于美军袭击了一个没有敌意的定居点而被推入战争阵营。这并不是政府军第一次搞混袭击目标。事实上，许多美国人认为"唯一的印第安好人就是死了的印第安人"，并无视那些毫无敌意甚至与政府结盟的部落。

克罗族侦察兵血刃（Bloody Knife）陪同乔治·阿姆斯特朗·卡斯特参加了1874年的黑山远征，在该地区发现了黄金。

太阳舞和幻境探索

许多平原部落的太阳舞都有所不同。它发生在一年的早期，这个时期狩猎情况良好，太阳舞一方面是为了庆祝冬天的过去和更丰饶的季节的到来，另一方面是为了利用足够的猎物来支持大规模的聚会。

跳太阳舞，即使采用最温和的形式，也是一项艰难而疲惫的工作。受试者要在几天内断断续续地跳舞，中间要禁食。有时，舞蹈者还需承受绑着沉重的祭祀物品的细棒穿透皮肤所带来的额外痛苦。

太阳舞仪式通常还会伴随着一些其他不太重要的仪式，这些仪式由更多的参与者进行。1883年，这种做法被美国政府宣布为非法行为，尽管它仍然在实行，而且随着时间的推移，出现了更温和的传统仪式形式。

幻境探索（Vision Quest）是另一个重要的仪式。它是太阳舞传统的一部分，但也可以单独进行。受试者需要做好准备，然后去一个与世隔绝的地方，在那里他将禁食并使用致幻药草。如果成功的话，受试者在这次探索中将与精神守护者接触，并由部落的巫师解释一个幻境。幻境对于像坐牛（Sitting Bull）这样的伟大领袖做出战略选择非常重要。

夏安人的太阳舞。该仪式在加拿大被禁止到20世纪50年代，在美国被禁止到20世纪70年代。

远征

黑山战争由此开始，也被称为大苏族战争。几周后，即1876年6月，美国军队一次新的、规模更大的远征开始了。这次远征派出了三个平行纵队，这些纵队将汇聚在一起，并将苏族人卷入战斗。这些纵队沿着与以前的远征相似的路线前进，其中大多数路线都以政府军的失败而告终。

苏族战争首领疯马（Crazy Horse）充分意识到正在发生的事情，宣布如果美国军队越过唐河（Tongue River），他将发动袭击，而且他确实这样做了。疯马是一个三十多岁的经验丰富的战士，据说在不打仗时静若处子、相当奇怪，但他很受尊重。他曾参加过普拉特河渡口和费特曼战役。他的首选战术是远程狙击，让庞大的美国部队没有明确的攻击目标，然后他再让他的部队撤离阵地。

疯马可能希望能在没有太多流血的情况下表明自己的观点，并且希望美国部队可能会撤退。然而，美国部队开始前进，并得到了克罗和肖肖尼部落（Shoshone）侦察兵的增援。他们是苏族的长期敌人，非常乐意与苏族作战。美军指挥官希望从更大的机动性中获益，因此将他的补给车队护卫在后面，并向玫瑰花蕾溪（Rosebud Creek）快速推进，他期望在那里找到一个苏族村庄。

由于克罗族侦察兵射杀了他们遇到的野牛，此次秘密行军被意外暴露。1876年6月17日上午，侦察兵遭到了驻扎在高地上的苏族战士的射击。美军纵队，作为一支深入敌对地区的部队，居然在此松懈

约瑟夫·雷诺兹上校因其对1876年远征的责任而被军事法庭停职，随后自行请辞。

尽管1876年的大苏族战争确实涉及一些近距离的战斗，但这里所描绘的那种交战远没有从掩体中进行的步枪交火那么常见。

下来，并没有做出任何反应，因为指挥官认为这只是在猎杀野牛。

疯马和他的战士们赶走了克罗族和肖肖尼族侦察兵，并迅速向混乱的美国营地推进。由于人数众多的侦察兵奋力抵抗，灾难才得以避免，一场混乱无序的行动就此展开。疯马指挥他的战士打游击，也许是希望借此方式引发一场不明智的追击战，让对方陷入一场伏击。但美军没有（或许不能）上钩，这确保了突击队能够安全撤离并重新集结。

在一次骑兵冲锋的协助下，美军成功地走到了高处，建立了一个防御圈。面对美军骑兵的连续冲锋，苏族战士四下分散，但他们只是简单重新整装了一下就立即回到战斗中。因此，美军可以拿下甚至守住阵地，但却未能击败敌人。

由于错误地认为对附近村庄的威胁会让苏族人有所顾忌，美军派出了一支骑兵分队。事实上，那里没有村庄，这一行动只是分散了美军的力量。其他部队被引出他们的阵地并受到猛烈攻击。肖肖尼族和克罗族侦察兵再次出手相救，在步兵的掩护下，先头部队得以与主力部队会合。

苏族人和他们的盟友经历了一场异常漫长的战斗后最终关系破裂了。美军指挥官声称取得了通常意义上的胜利——他的部队占据了战场——但实际上他的前进被阻止了，他的部队在原地停留了几个星期，在这场战役中几乎没有发挥进一步的作用。在战略意义上，疯马取得了一场明显的胜利。

小大角之战

在胜利的鼓舞下，苏族和夏安族继续抵制殖民者、淘金者和铁路建设者的侵扰。坐牛酋长被认为在这一时期领导了苏族，尽管对他是否正式负责一个传统意义上的分散联盟是有争议的。他在早先的战役中证明了自己是一位精明的战争领袖，并坚决表示不打算向政府出售任何土地。1875年，他在幻境中看到一场伟大的胜利，并相信他的族人能够赢得即将到来的战争。他从自己的人民和其他任何愿意战斗的人中招募战士，并庇护那些在其村庄遇袭时遭受损失的人。

因此，当疯马和他的手下在6月17日玫瑰花蕾溪战役胜利后加入坐牛时，坐牛的营地已经非常大了。当他们在小大角河畔扎营时，酋长们得到消息，另一支美军骑兵部队正在接近。这支部队由乔治·阿姆斯特朗·卡斯特中校指挥，他是一

玫瑰花蕾溪战役是处置不当的美军的一次失败，尽管他们获得了对战场的控制。苏族人达到了他们的目的，即抵挡了前进的力量，然后就离开了。

个自吹自擂的荣誉猎手，希望通过一场伟大的胜利重新挽回自己的名声。卡斯特的部队是特里将军（General Terry）指挥的一支纵队的一部分。另一支由吉本上校（Colonel Gibbon）指挥的部队正向黄石河进发，而克鲁克将军（General Crook）的部队则被粉河边的疯马挡住了去路。尽管卡斯特接到的命令是等待步兵，但他还是向前推进至苏族人的营地。他严重低估了对手的力量，决心发动进攻。

卡斯特的部队包含第七骑兵队的12个连，大部分是老兵。他留下一个连护卫驮运队，并将他的部队分成三部分，从不同的方向进攻。本廷上尉（Captain Benteen）被命令防止苏族人逃跑——由此可

坐牛对自己作为战争领袖的能力充满信心，他在幻境中看到了重伤的美军士兵倒向他的营地，这预示着美军的一次大失败。

"卡斯特的最后一战"被描绘成一种英雄式的牺牲。实际上，他因傲慢和任性而将他的部队置于一个无法防守的境地，他的士兵们也付出了代价。

见对这次行动的误判有多严重——而里诺少校（Major Reno）则带着175人进攻营地的南侧。里诺的部队很快就被击退了，他们随即撤到了一个高地上，在那里他们遭到大量夏安族和苏族战士的攻击。

卡斯特的210人兵团从北面进攻，但被轻易击退。当他们退回到高处时，疯马领导了一场包围运动，将骑兵团团包围。卡斯特的士兵射杀了他们的马匹，形成了一个堡垒，他们尽力反击，但被疯马的优势火力和人数压制。值得注意的是，第七骑兵队的武器是斯普林菲尔德1873型"活门"卡宾枪，其铜制弹药在热枪中往往会膨胀并卡住枪管。许多美洲原住民战士都有连发步枪，即使在美国骑兵的后膛枪正常使用的情况下，也比其要强。

本廷和里诺率领的分队得以逃脱，苏族人在美军主力部队接近时离开了。与此同时，卡斯特的兵团也被消灭了，他重复了以前许多指挥官都后悔的愚蠢行为。在大多数情况下，部队不得不被吸引到一个埋伏圈中，卡斯特的不同之处在于，他心甘情愿地把他的部队派往了可能遭到屠杀的地方。

尽管苏族人在小大角获得了一场重大胜利，但战略形势依然严峻。为了寻找猎物，大部队不得不散开，从而消耗了苏族人的力量，但即便如此，克鲁克和特里领导的美军纵队还是徘徊了一段时间等待援军。当他们最终前进时，由于人数太多，苏族和夏安族无法抵挡。小规模的战斗继续进行，但没有更多伟大的胜利。1877年5月，疯马投降，以拯救他的人民免受饥饿。他在被囚禁于罗宾逊（Robinson）时被杀害。

坐牛转入了加拿大，但他的人民遭受了巨大的苦难，最终向美国政府投降。坐牛本人从1885年起在水牛比尔（Buffalo Bill）的狂野西部表演中出演，并在1890年被杀害。由于担心他可能成为鬼舞运动的代表人物，他被监禁起来并在一次混乱的逮捕行动中被枪杀。

坐牛在水牛比尔的狂野西部表演中享有特殊的地位，因为他的存在就有着巨大的吸引力。该表演为"狂野西部"的许多神话作出了贡献。

马背上的射击

在马背上射击，无论是用枪还是用弓，都是一件困难的事情。马的运动并不总是可预测的，这使得使用瞄准器成为问题。对于枪支，解决办法是沿着武器的顶部表面进行瞄准，而不是试图将注意力集中在四处跳动的瞄准器上。还有一个问题是如何将武器指向正确的方向。这可能涉及一些笨拙的扭动，由于缺乏脚蹬，这就更加困难了。

马上射击最重要的因素不是射击技能，而是骑术。徒步时射得不好，在马背上也会射得不好，可能更糟，但一个熟练的射手如果不能很好地骑马，在马鞍上也不会射中任何东西。同样，马也很重要。一匹习惯于与特定的骑手合作并愿意与他合作的坐骑，或者一匹习惯于标准动作的训练有素的骑兵坐骑，相比一匹胆小或没有经验的马能提供一个更好的射击平台。

美洲原住民战士会学习在马鞍上用弓或枪打猎，用腿引导他的坐骑，把握好射击时机，以避免被马的步态干扰。在相对较短的距离内射击，使用本能的点射技术来引导目标，并补偿射手的移动。原住民战士掌握这种技能既是出于骄傲，也是出于需要——弹药昂贵，有时还很难买到——这在战争和狩猎中同样适用。

从马背上准确地射击，在快速和不使用马镫的情况下，需要战士和他的坐骑之间的紧密合作。那些没有必要技能的人将在狩猎中失败或在战争中被打败。

野牛灭绝和鬼舞运动

为了确保美洲原住民被限制在他们的保留地内，迫使他们不得不从事农业生产，美国政府积极鼓励猎杀野牛。一部分猎杀野牛的行为是为了喂养铁路工人或扩大城镇，但在许多情况下，牛群被集体射杀，它们的尸体被随意丢弃。猎杀野牛成为一种时尚，富有的欧洲人和美国城市居民前往西部参加此类屠杀活动。

几年内，大平原上的野牛几乎绝迹，生活在那里的人们与之相关的生活方式也随之消失。由于没有可供他们狩猎的牛群，各部落只能依靠美国政府的援助，这使美国政府强迫他们留在保留地上，并对其施加影响。平原战士不是被卓越的战斗力或火力打败的，而是被迫改变生活方式，以便在一个被改变了的环境中生存。小大角战役被称为卡斯特的最后一战，但在许多方面，它也是平原部落的最后一搏。

尽管战争在19世纪80年代末基本取得了胜利，但美国政府对美洲原住民进一步抵抗的可能性非常重视。因此，1890年的鬼舞运动引起了美国当局的

"在几年内，大平原上的野牛几乎绝迹，生活在那里的人们与之相关的生活方式也随之消失。"

故意屠杀野牛的行为几乎是以工业化的规模进行的，狩猎者和旅游者来到大平原，参加他们认为的伟大的运动。

坐牛酋长的被捕导致局势紧张并爆发交火，在冲突中，坐牛和其他12人死亡。

强烈不安。作为美洲原住民传统舞蹈的一种变体，鬼舞被认为如果表演得当，可以使白人殖民者离开，恢复部落民族。它甚至可以使死者复活。虽然美国当局不太可能相信他们有被舞蹈消灭的危险，但他们认为该运动可能是抵抗的开始，因此采取了措施来镇压它。

　　这种舞蹈被宣布为非法行为，当坐牛——当时住在立岩（Standing Rock）上——没有采取任何措施来阻止这种舞蹈的表演时，有人下令逮捕他。他在随后的混战中死亡，引发了鬼舞战争——一系列的小规模冲突，直接导致了伤膝（Wounded Knee）大屠杀。后者是在美国军队试图解除驻扎在伤膝河的拉科塔人的武装时发生的。

　　一位年轻的战士进行了抵抗，根据一些说法，他在争吵中不小心击发了武器。作为回应，部队进行了反击，

"……鬼舞被认为如果表演得当，可以使白人殖民者离开，恢复部落民族。"

而拉科塔战士试图夺回他们的武器来保护自己。整个事件是在一个炮兵连的枪口下发生的，炮兵连向营地开火，数十名非战斗人员和几名美国士兵被他们的炮火打死。

伤膝大屠杀的发生，部分原因是美军对美洲原住民战士战斗能力的恐惧。紧张的士兵们反应过度，不分青红皂白地进行射击和炮击。

财富、慷慨和价值

马在大平原的部落中成为一种地位的象征，拥有一匹特别好的马或几匹好马是拥有财富的标志。然而，财富并不因其本身而受到重视。一名战士只能使用这么多的坐骑，拥有太多的坐骑并不能打动别人。相反，财富代表着保护和支持家庭和部落的能力，代表着完成任何需要做的事情和表示慷慨的能力。衡量一名战士的财富，与其说是看他拥有多少匹马供自己使用，不如说是看他能否将一匹马送给有价值或有需要的朋友。这与人们的普遍观念相吻合，即财富的价值在于给予而不是保留。

如果一名战士有很多东西可以捐献，并且在适当的时候这样做，那么他就是富有的。一个拥有很多东西而只是保留的人，在同样的意义上是贫穷的。有记录显示，北方部落的马匹和枪支是用50张海狸皮换来的，这表明它们的价值大致相同。在实践中，人们对价值的看法有很大的不同，商人会为他们能得到的东西讨价还价。

因此，赠送一匹马是一件意义重大的事情，送礼的战士可能会因这一行为而认为自己变得富有。他放弃了一件他并不真正需要的物质财富，却换来了伙伴们的尊重和善意。

在伤膝大屠杀的第二天，即1890年12月30日，拉科塔人和美军骑兵之间发生了最后一次战斗。美军第七骑兵队的成员与一支拉科塔战士部队交战，不得不被第九骑兵队解救。这次行动被称为德雷克塞尔任务之战，是最后一场"印第安人战争"，尽管臭名昭著的伤膝大屠杀更被认为是终点。

第四章
西南部部落

　　西南部的特点是气候干燥，有一些沙漠和岩石地带，使得长距离移动非常困难。这些自然障碍有助于将该地区的文化群体与其他美洲原住民群体隔离开来，后来也与向西扩张的欧洲人隔离开来。在马被引进之前，在大平原上生活困难，限制了西南部部落向东的迁移，尽管早期的克洛维斯文化和类似文化的人最终确实穿过了平原，向密西西比河谷和东北部的林地前进。

对阿帕奇人作为手持步枪的骑兵的刻板印象在现实中是有依据的，但这种形象只出现在西南部部落历史上的一个短暂时期。

　　自然保障限制了西南部部落与东部出现的文化的接触，确保了西南地区的部落各行其道，直到马匹使旅行更加方便，欧洲人的活动将东部各部落推向西南地区。这时，明显的文化差异已经存在，思想的交流——或冲突——产生了进一步的变化。

从猛犸象猎手到骑手

　　大约9000年前，在现在的亚利桑那州和新墨西哥州出现了"科奇斯"（Cochise）文化。它是以科奇斯湖命名的，该湖后来干涸成为一个沙漠盆地。在科奇斯文化中，搜寻植物食物远比狩猎更重要，这与克洛维斯人的文化不同。从大约6000年前开始，科奇斯文化中狩猎似乎变得更加重要，但同时也开始种植玉米。

　　科奇斯文化被三个不同的文化群体取代——古普韦布洛人（Ancestral Pueblo，又称阿纳萨齐人）、莫戈隆人和霍霍卡姆人。这三个文化群体都广泛地依赖农业，尽管他们的农业生产方式各不相同。这三个文化群体都由于长期的旱灾而衰落。在15世纪末之前，他们已经被该地区的现代部落取代，这些现代部落继承了许多先前部落的特征。

　　英国人和法国人对东北沿海地区感兴趣，而西班牙则首先与西南地区的本土部落进行了接触。西班牙人主要对墨西哥感兴趣，因而最初向北进行了相当有限的探索。将西南部部落与相邻族群隔离开来的地形同样也限制了西班牙的扩张。

　　到16世纪20年代，西班牙殖民者在墨西哥饲养马匹，随着野生马群的出现，马匹逐渐向北传播。富有进取心的部落通过交易、掠夺或捕捉野生马匹而获得这些新动物，并开始利用它们。这使美洲原住民社会迎来了一个变革时期。

社会组织

　　一般来说，西南地区的部落组织与其他地方的部落很相似，几个大家族组成一个游团，多个游团组成一个部落。领导者的权力来自民众的认可，一般是在非正式的基础上，随着酋长表现出他们的智慧和魅力而获得。在这个地区，很少有部落正

这幅乔纳达（Jornada）莫戈隆岩画描绘了一只被箭刺穿的大角羊。其他此类岩画展示了各种兽类、蜥蜴和大量的蛇。

式选举酋长。

　　生活在可靠水源附近的部落建立了永久性定居点，有时还挖掘水渠来灌溉农作物。那些生活在不那么可预测的水源附近的部落则建造石墙，以阻挡或至少减缓雨季到来时发生的洪水，并将农作物种植在可以从水源地受益的地方。在缺水的地方，游牧生活方式占主导地位，食物靠采集而不是耕种获取。

　　住房的建造有很大的不同。一些部落用土坯（黏土）砖建造永久性房屋；一些部落用原木支撑和篱笆泥墙建造更简陋的房屋。游牧部落或移动群体使用简单的棚屋，如简易帐篷。与寒冷的北部地区相比，西南部干燥和普遍温暖的气候使得这里的部落对住所的要求较低。

普韦布洛博尼托（Pueblo Bonito）是普韦布洛人最大的"大房子"，包含大约800个房间。它是从公元850年开始，分三个世纪建造而成。

普韦布洛

普韦布洛是西班牙探险家对美洲西南部原住民的定居点的称谓。这些由石头或土坯建造的大型分间建筑，能够容纳几个家庭。这种做法始于公元750—900年。在此之前，最常见的住宅形式是挖一个浅坑，用当地可获得的任何材料建造一个屋顶，从而建造一个坑屋。

西南地区的许多部落都有建造普韦布洛的习惯，再加上文化上的相似性，他们被统称为"普韦布洛人"。有的普韦布洛被开凿在岩壁上，有的建在悬崖顶或其他防御性地点。进入地面上的普韦布洛的方法是通过梯子，梯子可以撤回建筑物内以阻止入侵者。

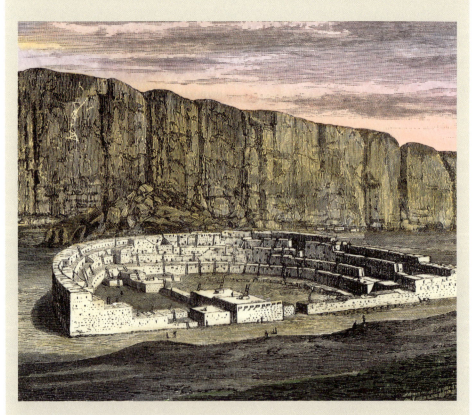

普韦布洛博尼托在其建成时的图像。目前还不清楚它是一个大型定居点还是一座宫殿。

美洲本土宗教

美洲原住民群体对宗教的态度与其他地区的同类群体截然不同。事实上，一些基本概念的不同导致"宗教"可能不是一个适于形容美洲原住民信仰体系的词。

与所有的狩猎-采集社会一样，北美部落与土地及其上的生物的关系非常密切。因此，精神信仰和日常生活是紧密结合在一起的。超自然的世界接近于世俗的世界，并在其中得到体现。兽类、鸟类和地形（如山脉和河流），都具有精神意义。如果在幻境探索中发现一块类似于某种动物的石头，那么这块石头可能成为一个重要的信物。

由于没有单一的"美洲原住民宗教"，外人试图创造一个简单的解释以适用于所有部落的信仰体系并不可能实现。许多部落相信有一个强大的创造者或伟大的神，他创造了世界和生活在其中的一切。对于较小的神灵（manitou），人们可以与之联系并寻求帮助或知识。实现这一目标的手段多种多样，包括涉及改变意识的经历，如禁食、巨大的痛苦或像汗蒸屋进行的那种仪式。

汗蒸屋对大小或结构没有特别要求，只要它能保持热量。一般是用厚厚的兽皮覆盖住棚屋、坑屋或其他任意一种建筑。在一些文化中，汗蒸屋入口面向东方，因为太阳升起具有精神意义。一个图腾，如柱子上的野牛头骨，标志着任何非圣火守

杰梅斯（Jemez）普韦布洛人将他们的传统语言和仪式保留到了今天。他们只有一些舞蹈是与外人分享的。

护者的人可以接近的最近地点，在它周围会放置神圣的物品。

参与者通常被要求在仪式前做好准备，通常是禁食，而烟草是仪式的一个重要组成部分。它可能被参与者吸食或放在火中，这样它的烟雾可以作为与精神世界联系的媒介。仪式本身是对耐力的考验，有四到七块石头被放在中央的坑里，把水浇在上面产生蒸汽。通常情况下，仪式会有四轮，石头在两轮之间会被重新加热。每一轮都有不同的意义。

汗蒸房的参与者可以在任何时候离开，在两轮汗蒸之间到外面去纳凉是很常见的。有些人在整个过程中都会留在汗蒸房内。这几轮仪式过程中，可以讲述创世故事和其他有精神意义的故事，也可以根据情况在完全沉默中举行仪式。仪式是一种净化和更新，可以在幻境探索之前或之后进行，也可以在参与者感到需要解除精神负担或向精神世界寻求帮助和指导时进行。

其他仪式涉及唱歌或跳舞，如太阳舞和鬼舞仪式。大多数仪式的共同点是每个人都积极参与，而不是像许多正式宗教那样被动接受。日常生活中的行为也具有宗教意义，特别是慷慨的行为。虽然仪式很重要，而且通常需要特别的准备，但美洲原住民的日常生活和他们的宗教之间其实没有明显界限。

霍皮人

像西南地区的许多部落一样，霍皮人是古普韦布洛人的后裔，从早期的普韦布洛建设者那里继承了农业生产实践和他们的住宅建设方式。他们是一个普遍和平的民族，其酋长是精神领袖而不是战士。

克奇那（Kachina）人偶代表精神和自然力量。它们被用于仪式上，还被用于向部落成员传授精神世界的知识。

在霍皮族的蛇舞结束时，蛇被释放出来，向精神世界传递祈祷。

"……西班牙开始主宰霍皮族，让部落居民为他们工作，并试图强迫他们改信天主教。"

霍皮人制作克奇那人偶来代表精神、神灵和自然现象，他们在仪式上戴着与克奇那人偶类似的面具。在他们的信仰中，由于人们失去了他们的传统生活方式和对大神的敬畏，世界一度被火、冰雪和洪水毁灭。当前的第四个世界将在某些迹象得到满足时被摧毁，其中包括带着枪械到来的白人。

霍皮人与西班牙探险家的接触起始于1540年。霍皮人热情好客，没有与之发生真正的冲突，尽管西班牙传教士传播天主教的努力基本上没有成功。西班牙对该地区的早期殖民在一开始并没有给霍皮人带来麻烦，他们的家园在现在的亚利桑那州东北部，远离西班牙人感兴趣的河谷。

随着时间的推移，西班牙开始主宰霍皮族，让部落居民为他们工作，并试图强迫他们改信天主教。到1680年，情况已经非常糟糕，和平的霍皮人与苏尼人（Zuni）一起对他们的压迫者进行了暴力反抗。他们的主要目标是宗教机构，这在许多方面与欧洲旨在镇压异端的十字军东征相似。牧师和传教士被杀害，阿瓦托维村（Awatovi）被摧毁。阿瓦托维是唯一一个大规模接受基督教的霍皮人定居点，据说是因为在那里发生的一个奇迹。该定居点的男子全部被杀，妇女和儿童被驱散

哈威库（Hawikuh）普韦布洛人于1540年被西班牙人征服，西班牙人希望找到黄金，并满足于采取强迫劳动的方式。

到其他村庄，以恢复其传统生活方式。霍皮人的土地对西班牙人来说没有足够的价值，因此西班牙人不可能为重新征服他们的土地做出很多努力，所以该部落能够恢复其以前的生活方式，只是会受到其他美洲原住民的袭击和偶尔的西班牙探险队的干扰。

苏尼人是另一支普韦布洛人，他们的信仰和生活方式与霍皮人相似。他们的口述历史包括关于苏尼人如何在地下出现并居住在他们现在的家园的故事，就像霍皮人在世界被火毁灭时在地下避难的故事一样。

美国在政治舞台上的出现有利于霍皮族，他们请求并得到了美国政府的援助，以对抗他们的敌人纳瓦霍族（Navajo）。然而，霍皮人对美国试图教育他们的反应不一。一些酋长欢迎这一想法，甚至要求为他们的人民建立一所西式学校，而其他群体则认为这一想法意味着失去他们的传统生活方式。学校招生不足的问题是通过强迫学生入学来"解决"的，这引起了强烈的反感。然而，这并没有引发大规模的冲突。

总的来说，霍皮人没有辜负他们的名字，他们的名字可以被粗略翻译成"和平的人"。只要他们的生活方式和宗教不受威胁，他们就愿意和平地生活下去。然而，在需要的时候，他们也可以咄咄逼人，采取在某些人看来可能很残酷的行动，甚至不惜杀害自己的人民来消除对他们生活方式的威胁。

形状、符号和医药

术语"医药"的确切含义很难确定。它与超自然的力量或可能被称为魔法的东西有关，并且可以被指认为任何具有精神意义的东西。由于世界上的每个物体、每种生物和每个人都至少有一些意义，所以医药在或多或少的程度上无处不在。

那些了解精神世界和世俗世界中物体的意义的人，可以加强自己或他人的医药的疗效，提供治疗和保护，带来雨水或避免祸患。像药捆这样的图腾拥有

巨大的力量，那些被委托守护药捆的人被认为是圣人。一个药捆里有几件具有
精神意义的物品，没有适当的仪式是不会被打开的。

有些形状对美洲原住民部落具有重要意义，特别是圆形。圆圈代表完整
和正确，正确使用时有很强的
药效。太阳被许多部落视为
神，盾牌的圆形或帐篷的固定
石块与太阳的形状相呼应。许
多部落创造了由石头组成的大
圆圈，有时被称为药轮。它的
象征意义因部落而异，但所有
建造它的人都相信它具有巨大
的力量。

有些药捆是个人的，是在守护神的建议下
放在一起的，而有些则是部落的财产，委
托给守护者。

莫哈韦人

莫哈韦人（Mojave）居住在科罗拉多河谷，利用季节性洪水灌溉农作物。这种
生活方式以狩猎和从河里捕鱼作为补充。他们的领土延伸到现在的亚利桑那州、加
利福尼亚州和墨西哥，但这种人造的边界没有意义，在这片土地上，重要的是，河
流及其支流使耕作成为可能。

"……人造的边界没有意
义，在这片土地上，重要
的是，河流及其支流使耕
作成为可能。"

莫哈韦人属于河流尤马（River Yuman）部
落群，与尤马人结盟，尽管他们经常与同一地区
的其他部落敌对。河流尤马和高地尤马的大多
数部落都是好战的，只有哈瓦苏派（Havasupai）
例外，他们是和平的，而且——并非巧合——生

活在一个水源充足的峡谷中，农业可以满足他们的需求。

许多部落是母系社会，而莫哈韦人则通过男性的血统来追溯他们的祖先。他们的酋长是世袭制，创造了一个比其他部落更加分化的社会。虽然他们生活在分散的定居点，但他们在战争中是高度组织化的，有一个指定的战争酋长和专业的战士。在许多部落中，战士们随心所欲地作战，但莫哈韦人把他们的人特别组织成弓箭手或用战棍武装起来的肉搏战士。

到19世纪50年代，白人殖民者已经开始侵占莫哈韦人的土地，那里的土地只能供养相当少的人口。当莫哈韦人试图驱逐殖民者时，冲突不可避免。在19世纪50年代末，美国政府决定在莫哈韦地区建立一个堡垒——被称为莫哈韦堡。莫哈韦人意识到他们无法反对被派去建立堡垒的部队，于是就撤退了，不久之后，他们不得不面对一个黯淡的选择：接受美国的权威或者面对一场他们无法胜利的战争。

莫哈韦堡最终成为美洲原住民儿童的学校，这些儿童被强迫入学。与其他此类学校一样，学生使用他们的母语或遵循传统习俗被严厉禁止，如果这样做会受到严厉惩罚。莫哈韦人面临的选择是他们的文化慢慢消亡或他们的部落迅速毁灭。总的来说，无解。

莫哈韦人的这些酋长从他们的父亲那里继承了酋长地位，而不是像许多其他部落那样被任命。

美洲原住民盾牌

许多部落的战士在战斗中使用盾牌进行自我保护，但像部落生活方式的其他方面一样，它们也有精神方面的目的。用野牛皮制成的盾牌完全可以挡住对手大多数武器的打击，并能够在物理上防御箭镞，甚至一些早期火器。恰当制作的盾牌的"药效"被认为大大增强了它的保护作用，可以使使用者对许多形式的伤害产生免疫。

盾牌是圆形的，使用者选择图像进行装饰。这些图像通常是兽类、鸟类或昆虫，如果战士有精神向导的话，可能与之有关。额外的物品，如鹰的羽毛或野牛的毛发，使盾牌看起来更令人印象深刻，并能增强其"药效"。有些盾牌是极其强大的物品，其重要性超出了使用者，类似于西方神话中的圣物或魔法物品。战士们有时会携带微型盾牌以期望获得超自然的保护。

这个科曼奇人盾牌的圆形对其精神上的保护很重要。许多部落认为圆圈是神圣的。

纳瓦霍人

大概在1400年左右，纳瓦霍人从西北太平洋地区迁移到西南地区。尽管他们采用了西南部部落的生活方式，但仍保留了他们的阿萨巴斯卡（Athabaskan）语系语言。然而，他们并没有建造土坯房，而是使用被称为霍根（hogan）的坑屋。霍根的建造方式是挖一个平底坑，然后用覆盖着草皮、泥巴或者石头的木头做屋顶。霍根的入口面向东方，以便居住者可以在这里迎接初升的太阳。霍根除了作为住宅外，还具有精神上的意义，人们一旦建成它就必须奉献些什么。如果一个人死在霍根里，那么它就会被摧毁，因为没有人会住在这样的建筑里。

> "霍根除了作为住宅外，还具有精神上的意义，人们一旦建成它就必须奉献些什么。如果一个人死在霍根里，它就会被摧毁……"

　　纳瓦霍人占领的领土位于现在的亚利桑那州、科罗拉多州、新墨西哥州和犹他州。他们是半游牧的农民，以狩猎来补充农业生产，后来开始养殖绵羊和山羊。他们参加了1680年的普韦布洛起义，袭击了西班牙人并取得了一些成功。然而，在大多数情况下，他们愿意与西班牙人和他们的美洲原住民邻居进行贸易。纳瓦霍族战士有时与西班牙殖民者发生小规模冲突，但也经常与他们联合起来抵抗阿帕奇人或科曼奇人的攻击。

对纳瓦霍人来说，从打猎变为放羊是很自然的事情，尽管这并不是迅速或完全的转变。

密语者

在世界大战期间，美国军方将美洲原住民语言作为一种几乎无法被破解的密码使用。这些"密语者"中最有名的是纳瓦霍人，他们的语言对于设法监听美国通信的敌人来说是无法理解的。在两次世界大战中，其他部落和文化群体的语言也被用于类似的目的，既由于正式的政策，也由于临时性的使用。

虽然任何密码最终都能被破译，但截获纳瓦霍族"密语者"所发信息的敌人必须先破译整个——而且是非常复杂的——语言，才能继续破译密码。

当美国获得对该地区的控制权时，纳瓦霍人与之签订了一项条约，允许美国建立军事哨所，尽管和平并不稳定。双方的关系逐渐恶化，冲突越来越多，最终在1860年在新墨西哥地区民兵的一次远征中达到高潮。远征军对纳瓦霍人的村庄和庄稼的破坏，加上严重的伤亡，大大削弱了纳瓦霍人的力量。1863年的另一次远征也是如此。

1864年，部分由于霍皮族的请求，美国军方将纳瓦霍族围起来，强迫他们迁移到新墨西哥地区的萨姆纳堡（Fort Sumner）周围。这次行军被称为"长途跋涉"（The Long Walk），并使那些对困难毫无准备的人遭受了更多的损失。纳瓦霍人的定居点被摧毁，美军以此作为将他们赶出自己家园的运动的一部分。

在萨姆纳堡的拘禁生活对纳瓦霍人来说十分艰难，部分原因是该地区无法供养他们的人口；另一部分原因则是阿帕奇部落的一些成员与他们一起被拘禁，两者之间的冲突由来已久。纳瓦霍人最终回到了他们的家园，但他们的力量由于艰难困苦的环境而大大削弱。

肖肖尼族和科曼奇族

肖肖尼族占据了从现在的加利福尼亚州到怀俄明州的领土，并被分为四个主要群体。他们的人口大多数时候是高度分散的，通常是以大家庭为单位，在任何可以采集或猎取食物的地方过着游牧生活。自1680年左右开始，北肖肖尼部落和风河肖肖尼部落开始使用马，并在平原上猎取野牛。

科曼奇人是风河肖肖尼族的一个分支，他们好战的生活方式使他们进入得克萨斯地区并通过抢劫致富。他们特别狡猾，并故意通过折磨俘虏来提高他们可怕的声誉。科曼奇人仍使用传统武器——弓、长矛和战棍，一旦他们获得步枪就

科曼奇人早期通过马从中获得优势，使自己成为"平原领主"。

对付科曼奇人的袭击，唯一的办法是建立一支类似的高机动性和强硬的部队。得克萨斯游骑兵队正式成立于 1835 年，但此前已经存在了一段时间。

立刻投入使用。盾牌被用来提供保护，并经常与它们的主人一起埋葬。

科曼奇人是早期的马主，他们捕捉野马并对其进行驯化，同时为自己使用和与其他部族交易而饲养野马。事实上，科曼奇人是平原地区最重要的马匹交易者之一，并向其他几个部落介绍了骑马的好处。马是一种地位的象征，在战斗结束后会被涂上颜色，以显示主人的成就。主人死后他的马也都会被杀死，他最喜欢的马会与之随葬。

科曼奇人从肖肖尼人中分裂出来时与尤他人（Ute）结盟，并从1700年左右开始与阿帕奇人为敌。科曼奇人与尤他人的联盟在18世纪30年代陷入冲突，冲突长达半个世纪。由于19世纪初天花的流行，科曼奇人的人数有所下降，但到19世纪30年代，他们仍然强大到足以在与夏安人和阿拉帕霍人的冲突中生存下来，并差不多在同时期内与美国军队发生冲突。

得克萨斯游骑兵的成立是为了打击科曼奇人，这反过来又影响了世界上一些著名的武器的发展。游骑兵的一名队长与塞缪尔·柯尔特（Samuel Colt）接触，商讨制造一种在马背上使用的强力左轮手枪，从而促进了柯尔特沃克左轮手枪的问世。按游骑兵的要求，该武器必须有足够的威力来阻拦一匹马。

当几个科曼奇领导人在被称为"议会大厦之战"（Council House Fight）的事件中被杀时，科曼奇人和得克萨斯游骑兵之间的冲突加剧。这是1840年3月举行的一次和平谈判，结果出现了严重的问题。作为回应，水牛背酋长（Chief Buffalo Hump）发动了一次大规模的突袭——1840年的大突袭，造成了巨大的破坏。科曼奇人攻克了维多利亚镇（Town of Victoria），尽管守军在设防建筑中坚守。

这次大突袭使科曼奇人获得了大约2000匹马和骡子。到1840年8月，水牛背的部队已经到了林维尔（Linville），一个为圣安东尼奥（San Antonio）服务的港口。

科曼奇人能够在几代人的时间里阻止殖民者穿过他们的土地，即使疾病导致人口锐减，他们仍是一支强大的力量。

"和睦烟斗"

　　吸烟——有时与其他物质混合——是美洲原住民仪式的一个重要部分，尽管各部落之间的细节有很大不同。在许多情况下，烟雾被认为可以向精神世界传递祈祷、问题或请求。仪式用的烟斗被用于达到这一目的，导致欧洲人错误地将其称为"和睦烟斗"，因为他们只有在谈判或达成条约时才能看到烟斗的使用。事实上，这种烟斗可能在许多场合被使用。烟斗的设计因部落或目的而异，有一些烟斗被装饰得非常华丽。有些烟斗被安装在仪式用的战斧上，有些则用重要的物品装饰，如羽毛、强大动物的皮肤或毛发。

与美洲原住民文化的许多方面一样，外人对仪式性吸烟只有部分了解，从而导致了像"和睦烟斗"这样的误解。

该镇被抢劫和烧毁，战利品被装在被俘的骡子上。最终，水牛背报了议会大厦之战的仇恨，带领他的战士回家了。

一支得克萨斯游骑兵和民兵部队在梅溪（Plum Creek）设下了埋伏，但为了等待增援而推迟发动。尽管如此，他们还是出其不意地抓住了科曼奇部队的后梢。一场激烈的战斗开始了，得克萨斯人声称科曼奇人在这场战斗中伤亡惨重。确切的数字有待商榷，而且科曼奇人确实带着大部分掠夺物逃跑了，但得克萨斯人声称他们的敌人比他们先撤退，所以他们取得了胜利。

> "由于疾病的影响，科曼奇人无法再重复这一壮举，尽管他们与盟友一起参加了对圣菲小径的袭击，以及随后的全面战争。"

由于疾病的影响，科曼奇人无法再重复这一壮举，尽管他们与盟友一起参加了对圣菲小径（Santa Fe Trail）的袭击，以及随后的全面战争。1865年，科曼奇人与美国政府签署了一项条约，用他们在俄克拉荷马地区的领土换取他们的祖传土地，结束了对美国的短暂战争。该条约很快就崩溃了，战斗一直持续到1867年。新的条约也没有达成，科曼奇人与阿拉帕霍人、夏安人和基奥瓦人一起参与了红河战争。

阿帕奇人

阿帕奇人的祖先从现在的加拿大向南迁移，在格兰德河（Rio Grande）附近采取游牧的生活方式。该部落的成员在1700年左右迁入现在的堪萨斯州，并尝试从事农业生产，但被科曼奇人赶走。他们扩散到现在的得克萨斯州、新墨西哥州和亚利桑那州，并开始与西班牙殖民者争夺土地。冲突不断升级，直到18世纪40年代才达成和平协议。作为新的和平的象征，一位阿帕奇族酋长埋下了一把斧头——这就是以埋斧头比喻和平的由来。

随着时间的推移，阿帕奇人与殖民者的关系变坏，冲突再次爆发。该部落是游牧民族，对其他人想象的领土边界并不关心，因此在墨西哥和美国都很活跃。19世纪30年代，墨西哥当局悬赏阿帕奇人的头皮。在

> "……他的敌人经常呼吁他们的守护神——圣杰罗姆——来拯救他们，这使戈亚特利获得了一个在历史上知名度更高的绰号：杰罗尼姆。"

随后的冲突中，出现了一位名叫戈亚特利（Goyathlay）的战士，他也是一位药师。戈亚特利的声誉如此之高，以至于他的敌人经常呼吁他们的守护神——圣杰罗姆（Saint Jerome）——来拯救他们，这使戈亚特利获得一个在历史上知名度更高的绰号：杰罗尼姆（Geronimo）。

吉卡里拉（Jicarilla）阿帕奇人和他们的盟友尤他人反对殖民者开辟从密苏里州到新墨西哥地区的圣菲小径，导致了1849—1854年的吉卡里拉战争。冲突始于对运货马车的攻击，并不断升级，直到1853年，一支美国骑兵部队与阿帕奇人和尤他人的优势部队交战，并被击败。关于这场战斗的说法各不相同，有些人声称骑兵遭到了伏击，而另一些人则认为美国部队因受到了引诱而贸然进攻。这两者都是美洲原住民常用的战术。1854年4月，在奥霍卡连特峡谷（Ojo Caliente Canyon）发生了一场更大的行动，美国军队取得了胜利。在这之后，战况逐渐降级，并在一些小规模冲突后最终平息下来。

19世纪60年代，阿帕奇人中出现了另一位伟大的战士，当时黄金的发现导致奇里卡瓦（Chiricahua）阿帕奇人与白人殖民者和矿工之间爆发了冲突。奇里卡瓦阿帕奇人的首领科奇斯（Cochise）被指控煽动或可能领导了实际上是由另一个阿

杰罗尼姆（右，手持长枪）从敌人惊恐的叫声中获得了他的绰号，这也许是对一个战士的最终褒奖。

科奇斯领导阿帕奇人与美国政府作战，直到1872年，他同意了一项将其人民限制在保留地的条约。

帕奇部落进行的袭击。他带着一把刀从美国军队的营地里冲出来，成功地摆脱了美军抓捕他的企图。

在科奇斯和他的岳父曼加斯·科罗拉达斯（Mangas Coloradas）的带领下，阿帕奇人对该地区的白人定居点发动了战争。美国政府被最终导致内战的紧张局势困扰，做出了零星、未尽力的回应，这无法与阿帕奇人的机动性和侵略性相提并论。

阿帕奇人在美国内战中与双方作战。在1862年5月的德拉贡泉（Dragoon Springs）之战中，他们袭击了护送联邦军（北军）俘虏的邦联军（南军）部队并抢走了马匹和牲畜。几天后，邦联军队在击败阿帕奇人后夺回了大部分牲畜。随后，双方达成协议，成为反对联邦的共同交战方。

7月，一支从加利福尼亚向东行进的联邦纵队的先头部队在通过阿帕奇山口时遭到袭击。曼加斯·科罗拉达斯和科奇斯——可能还有杰罗尼姆——率领大约500名阿帕奇族战士，在行军路线上构筑了一个堡垒。联邦部队缺水，需要到达德拉贡泉进行补给。

撤退并不实际，因为这需要长途跋涉回到最近的水源地，所以联邦部队最初试图突破，但被击退了。联邦部队部署完毕，尽管支援的联邦炮兵的攻击一开始没有效果，但还是能够在步枪射击的情况下逐步推进。面对越来越有效的射击，阿帕奇人在入夜后撤退了，第二天又返回继续战斗。面对进一步的轰炸，他们撤退了，联邦部队得以占领泉水。

阿帕奇人在这之前没有面对大炮的经验，而且被大炮打击了士气。这可能是他们决定接受谈判的一个因素。尽管有了所谓的安全进行谈判的机会，但曼加斯·科罗拉达斯还是被扣为人质，据称他在试图逃跑时被杀害。随后联邦政府决定，阿帕奇人和纳瓦霍人必须转移到一个保留地。后者被迫前往萨姆纳堡，这被他们称为长

1873年装备有步枪、长矛和弓箭的阿帕奇族战士的照片。尽管火器有种种优势，但它从未完全取代传统武器。

途跋涉。联邦军与阿帕奇人的冲突在小范围内继续，直到1872年科奇斯同意接受在德拉贡山（Dragoon Hills）的保留地。

土坯墙战役

第一次和第二次土坯墙战役是以得克萨斯州北部一个贸易站的废墟命名的。冲突源于原住民对穿越大平原的马车队的袭击，随着内战双方从该地区抽调部队，这种袭击不断升级。1864年11月，一支由基特·卡森（Kit Carson）领导的惩罚性远征队被派去对付基奥瓦人和科曼奇人，阿帕奇人和尤他人侦察兵也从旁协助。

这一套路已经很熟练了——远征队找到目标部落的村庄并摧毁它们，迫使部落屈服。这在一开始显然很顺利，一个基奥瓦人的村庄受到惊吓，居民被迫四散而逃。然而，大量的科曼奇人也在这一地区并向远征队聚集，迫使卡森前往土坯墙避难。在那里，他的部队抵抗了可能是其数量三四倍的敌人。

大炮似乎再次在战场上发挥了决定性的作用。尽管原住民战士在第一轮炮击中受挫，他们还是重新开始了进攻，并有越来越多的盟友加入。事实证明，基奥瓦人和科曼奇人很难被击中，因为他们紧紧抱着小马的脖子，有时在小马飞驰而过时，他们会从马的胸口下面开火。他们中的一个部落掌握了美国军队的号角声规律并得到一个号角，用它来发出假的号声以混淆视听。

最终，卡森的部队得以撤退并重新与补给队会合。美国声称这场战斗是一场胜利，因为目标村庄被摧毁了，但战略上的结果是科曼奇人和基奥瓦人仍然控制着该地区。到1874年，这种情况没有什么变化，但猎人们正试图恢复土坯墙的遗迹以将其作为当时大规模猎取野牛的基地。1874年6月，由科曼奇人、基奥瓦人和夏安人组成的联盟战士来到土坯墙意图摧毁它。他们在近距离枪战后被击退，其中连发卡宾枪和左轮手枪被证明是非常有用的，之后他们进行了围攻。

双方进行了远程交火，但没有发生进一步的大规模进攻，防守者一次非常幸运的步枪射击杀死了一名被认为在射程之外的战士后，进攻者进一步撤退。随着更多的猎人到达并溜进哨所，进攻者成功的希望降低了，围攻在一些小规模的冲突后渐渐结束。

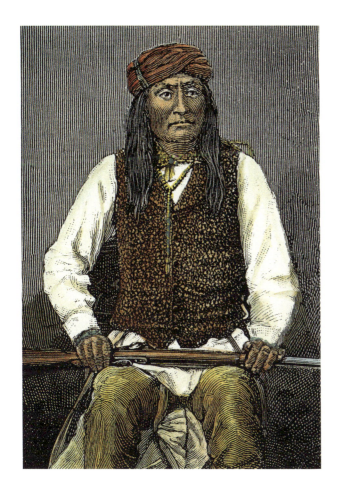

曼加斯·科罗拉达斯被奸诈地俘虏之后惨遭杀害。这种行为降低了谈判信心且延长了冲突时间。

出战彩绘

出战彩绘中使用的颜色和符号有许多含义，在不同的部落中有所不同。一般来说，出战彩绘可以为三种目的中的某一种服务。它们可能被赋予一种能力，如神奇的速度或敏捷性；它们可能象征着以前的成就或当前的意图，如愿意与死神搏斗；或者它们可能被用作相当于等级标志的东西。

一个战队的首领可以通过他脸上的彩绘标记来被识别，而一个战士可能会展示他以前的战绩，希望以此来威慑敌人。彩绘可以自行涂抹，但更常被用作突袭或战斗前准备仪式的一部分，由药师进行涂抹。

彩绘还有其他用途，其中有些是宗教性的，有些是世俗的。涂料可以在准备仪式或典礼时使用，但也可以在日常使用，作为一种驱虫方式。它由各种物质制成，包括黏土、浆果、贝壳或花朵，并以干燥的粉末形式储存。

与头饰和其他物品上的装饰一起，出战彩绘起到了显示身份的作用，使队伍成员能够迅速找到并识别他们的领导人。

红河战争

第二次土坯墙之战，以及该地区的其他小规模冲突，促使美国政府对平原地区的部落发起了大规模远征，即红河战争。美国军队在这场战争中投入了大量资源，在平原上组建了多个纵队，寻找可以摧毁的定居点。部落往往能够避免接触美军，但被迫不断移动他们的村庄，结果是即使没有发生战斗，他们也遭到了重创。

一些村庄被袭，但即使如此，大多数人也还是能够逃脱，而战士们则与美军短兵相接。然而，部落每次遇袭都会失去一部分食物和财产，这削弱了他们的力量，直到他们一个接一个被迫投降。大平原南部美洲原住民的最后一支主力部队是夸那·帕克领导（Quanah Parker）的科曼奇部队，他们于1875年6月投降。

夸那·帕克被广泛称为科曼奇族的最后一位酋长。在作为战争领袖获得成功后，他成为他的人民在保留地上开始新生活的使者。

杰罗尼姆之战

科奇斯于1874年去世，他在1872年同意的条约被美国政府废除了。阿帕奇人被命迁往一个新的保留地。圣卡洛斯（San Carlos）保留地位于贫瘠的土地上，那里的部落生活很艰难，内部冲突是不可避免的，因为不同游团的阿帕奇人——像许多部落一样——经常相互争吵。

一个名叫维克托里奥（Victorio）的领导人发现情况不可容忍，他召集了大约200名支持者，开始向新墨西哥地区的奥霍卡连特迁移。有人向他承诺，在他投降之前，他的人民可以在那里定居，尽管这个承诺并没有兑现。与美国骑兵的一次成功的小规模战斗为维克托里奥的队伍赢得了一些马匹和驮畜，并鼓舞了其他人离开保留地。

维克托里奥对所在地区的殖民者的攻击引起了美国的大规模军事反应，同时当地还组建了民兵。其中一个团体被维克托里奥的队伍击败，这引起了美国骑兵的回击。骑兵们被引诱到拉斯阿尼马斯峡谷（Las Animas Canyon）的一个伏击处，与维克托里奥的战士们展开了一场旷日持久的战斗。增援部队的到来并没有扭转战争

杰罗尼姆（中左）并不倾向于相信克鲁克将军的谈判企图，但到了1886年，他率领少数几个顽固的支持者，除了投降别无选择。

局势。最初的攻击被击退，这支部队也在战斗中陷入了困境。最终，骑兵撤退了。

1880年，维克托里奥被墨西哥军队杀死，他的部队的领导权落到了杰罗尼姆的姐夫纳纳（Nana）身上。尽管他年事已高——据了解，纳纳在战役开始时大约有80岁，或许更老——但他吸引了几个部落的追随者，并领导了一场极为成功的大范围突击战。

纳纳的追随者躲避了被派来对付他们的大部队，并从他们袭击的哨所和定居点获得了马匹补给。纳纳于1886年投降，此

尽管困难重重，维克托里奥的队伍利用从敌人那里缴获的马匹提供的优越的机动性，进行了一场初步成功的游击战。

后又活了10年。当纳纳在平原上兴风作浪时，其他阿帕奇人也在发动自己的袭击。杰罗尼姆领导了一场游击战，直到1877年被俘，当时他被带到了圣卡洛斯保留地。四年后，由于怀疑自己会被美国军队逮捕，杰罗尼姆带领大约700名阿帕奇人离开了保留地。人们在墨西哥发现了他和他的追随者，并劝说他返回。

杰罗尼姆试图改善保留地的条件，但却招致"仇视印第安人"的媒体的指责并被打乱了计划。杰罗尼姆再次离开保留地，成千上万的军队在更多民兵的支持下被动员起来寻找他。当经过更多的小规模冲突和突袭，杰罗尼姆终于被抓住时，他只带领着20多名战士。杰罗尼姆成为战俘，最终于1909年死亡。

草原上的最后战斗

部落间的最后一次大规模战斗发生在1873年8月的屠杀峡谷，交战双方是波尼族和苏族。两者之间的冲突由来已久——事实上，苏族的一位酋长被称为波尼人杀手。波尼人正在苏族人认为属于他们的领土上狩猎野牛，最近他们被说服不要报复尤他人的一次袭击，正准备大干一场。

在波尼人主力队伍前面行进的一队猎人遭到伏击之后，苏族人从峡谷壁上向下射击。波尼人开始撤退，他们的战士尽可能地往后退，但整个波尼族狩猎队的人

数——包括妇女和儿童——都被苏族战士的人数超过。

美国当局利用这一事件来加强他们的主张，即为了自身的安全，美洲原住民必须留在他们的保留地上，并为此部署了军队，但军队的存在对阻止进一步的袭击毫无作用。波尼族和苏族最终在1925年实现了和平。

美国军队涉及的最后一次冲突是与阿帕奇族战士的一系列小规模战斗，冲突一直持续到20世纪20年代。阿帕奇人与墨西哥军队之间的冲突直到1933年才结束。这些大多是生活在墨西哥的团体进行的小规模袭击，1886年杰罗尼姆的投降标志着该地区大规模冲突的结束。

最后一次真正的冲突被称为波西之战，波西酋长（Chief Posey）带领他的追随者离开保留地，在犹他州的山区避难。他的族人——尤他人，在试图保留其祖先的土地时，偶尔与美国军队发生小规模冲突。这一次，他们遭到了当地民兵的反击，在部落人民试图切断联系时，双方发生了枪战。起义结束了，随之而来的是原住民为传统土地或生活方式所作的最后一次武装反抗，但反抗以失败告终。

1920年，阿帕奇人艾德·拉德（Edd Ladd）和印第安事务专员卡托·塞尔斯（Cato Sells）合影。此时，美国国内的冲突已基本结束。

用长矛狩猎野牛

在马被引进之前，狩猎野牛是一项艰难的工作。即使最强劲的弓也不能迅速杀死野牛，而受伤的野牛可能会游荡很远，最后才由于其受到的伤害而倒下。长矛提供了更可靠的杀伤力，在弓箭出现后，长矛仍在使用。

典型的美洲原住民长矛有一个木制的矛柄，矛头是削尖的骨头或石头，后来在一些情况下被金属取代，但绝非全部。长矛可以在有投掷棒的情况下被投掷，以增加速度，但也被用作手持武器。

如何靠近野牛以便使用长矛的问题是通过将野牛关在野牛笼中来解决的。野牛笼是为杀戮场所立起的围栏，野牛被战士们赶进围栏——尽管据说庞德梅克酋长能够用魔法诱使野牛进入围栏。

无论野牛们如何到达那里，被困住的它们都会被等待的战士在近距离内用矛刺死。这种方法的一种替代方法是惊吓野牛，使它们冲过悬崖或进入困难的地形。这样就可以用长矛消灭掉被困或受伤的野牛。

这就需要非常接近受伤和受惊的动物，即使它没有故意攻击猎人，也会造成严重的伤害，所以这需要技巧和胆量。在保持对形势的正确认识的同时善于使用长矛也是一种有用的战斗技能。

马的引进使猎人能够追赶他们的猎物，使用长矛杀死猎物的可能性更大。野牛狩猎仍然需要高超的技巧。

第五章
西 部 部 落

后来成为美洲原住民的人们通过现在的阿拉斯加、加拿大西部和西北太平洋地区迁移到大陆各地。该地区的山脉引导了最初的扩张，后来也决定了各部落的领土。沿海平原、高原和深谷提供了丰富的猎物和来自该地区广阔森林的木材等原材料。

约瑟夫酋长（Chief Joseph）是他的人民在战争与和平中的伟大支持者。据说他死于永远无法回家的心碎。

西部部落的生活方式与东北部林地部落的生活方式并无二致，尽管大陆西部多样化的地形在很多方面影响了当地的部落。再往南，现在的加利福尼亚气候更干燥、更温暖，这使各部落采取了与他们北方表亲不同的生活方式。

西部地区构造活跃，在当地部落的神话和创世故事中可以看到火山和地震的痕迹。许多部落都有关于火灾或洪灾的故事，洪灾很可能是由于冰川融化而导致的，当时部落初次迁移到这个地区。冰河时代当然在大陆西部留下了它的印记，留下了沿海峡湾和包含冰川沉积物的深谷。

移民潮

关于早期部落是如何迁徙到美洲的，有几种理论。迁徙很可能是一波接一波的，在这些大规模迁徙之间，有较小的群体游荡在白令陆桥上。最后一波移民停留在遥远的北方，主要是因为南方更适合居住的土地已经被占领。这些部落继续使用他们在迁徙期间或居住在广袤的西伯利亚时的生存手段。

许多北方部落在夏季使用临时住所，在寒冷的月份使用更结实的住所。

其他群体向南和向东推进，最终成为现代部落的祖先。他们适应了新的生活条件，文化产生了变化，需要新的思维方式，以克服在迁移中或在新的家园遇到的问题。然而，没有一个部落是完全孤立存在的。人们在社区之间流动——并不总是自愿的——连同关于工具和武器的想法和设计一并发生变化。东移和南移的部落所学到的一些知识被传回给那些留在遥远的北方，或者跟在后面的部落。

"……人们在社区之间流动——并不总是自愿的——连同关于工具和武器的想法和设计一并发生变化。"

迁移也没有完全停止过。找到合适地方的部落可能会定居数十年，但冲突或不断变化的气候条件会迫使他们进行新的迁移。这反过来又会扰乱行进中遇到的其他部落，也许会导致进一步的迁移。早期迁徙的总趋势是向东和向南，但在欧洲人抵达美洲东海岸后，许多部落被推向西部。

阿拉斯加和阿萨巴斯卡人

阿拉斯加的原住民主要是最后跨越白令海峡到达美洲的移民的后代。许多人是因纽特人、尤皮克人（Yupik）或阿留申人（Aleuts），与迁徙到东部的遥远北方部落有关。居住在海岸线上的人擅长用独木舟捕鱼和猎取海豹，而居住在内陆的人则猎取或放养驯鹿以获取肉和皮。他们的主要狩猎工具是用于捕鱼的鱼叉和用于陆地狩猎的弓箭——因此，如果被迫战斗，这也是他们的主要武器。

这些群体各不相同，但相互关联，有时被统称为"爱斯基摩人"（Eskimo）。这个词被一些人认为是贬义的，但其"吃生肉的人"的错误含义已被揭穿。他们还与仍然居住在西伯利亚的类似民族有关。

阿萨巴斯卡人不同于因纽特人及其近亲，但他们之间有一个共同的语言家族，就像阿尔冈昆语在美洲大陆东部以各种形式使用一样。阿萨巴斯卡这个名字来自今加拿大萨斯喀彻温省西北部的阿萨巴斯卡湖，代表了讲这些语言的人的领土联系，而不是部落归属。北阿萨巴斯卡人原居于现在的阿拉斯加和育空地区，他们是母系社会。

"阿萨巴斯卡人不同于因纽特人及其近亲，但他们之间有一个共同的语言家族。"

冬季赠礼节

　　冬季赠礼节是一个可能出于多种原因而举行的节日。即使一个相当小的赠礼节，也是一个重大的事件，主人会给每位客人一件相同的礼物，并对食物的准备工作非常谨慎。仪式会包括舞蹈和讲述传统性质以及不太正式的故事。从1885年到1951年，冬季赠礼节被政府宣布为非法，尽管许多部落无视法律，继续举行他们的仪式。

　　这是一个展示慷慨的机会，举行该节日的原因可能不外乎如此。然而，举行仪式往往是为了纪念一些重要的场合，如婚礼或出生，甚至是为了挽回一个遭受不幸或失去面子的重要人物的尊严。由于大型冬季赠礼节的费用很高，部落有时会操纵他们的敌人举行仪式，以消耗他们的资源或显示他们的弱点，表明他们没有能力做好这场仪式。

冬季赠礼节是美洲原住民文化的一个重要组成部分，以至于被希望强迫原住民同化的美国政府宣布为非法。

太平洋沿岸阿萨巴斯卡语和南阿萨巴斯卡语的使用者位于太平洋沿岸，最南端到达现在的加利福尼亚。

特林吉特人和海达人

特林吉特人（Tlingit）和相近的海达人（Haida）原居于阿拉斯加和加拿大的海岸和岛屿。特林吉特人说一种与阿萨巴斯卡语有关的语言，为母系社会，各部族的祖先可追溯到一个传说中的创始人。特林吉特人的组织非常松散，村庄基本上是自治的，部落领袖非常罕见。

特林吉特人是好战的，拥有在战斗中俘获的奴隶是显示其地位的标志。他们在陆地或海上同样善于作战，他们会使用大型独木舟来猎取海洋哺乳动物和与其他部落作战。他们乘着这些独木舟在太平洋海岸上下游走，袭击远南端的定居点，即现在的加利福尼亚州。

特林吉特人使用他们的传统武器——弓、矛和各种形式的棍棒，直到有了火器。他们还广泛使用由厚皮或木板条制成的盔甲。一旦特林吉特人开始接触到枪支，他们就开始用硬币——通常是来自中国的铜钱——来加固他们的盔甲，希望能够在一定程度上保护他们免受子弹的伤害。特林吉特人的战盔是用云杉木雕刻而成的，其精致的设计反映了他们部族的历史和其创始人的事迹。这些头盔具有仪式性和实用性，并能有效防御手持武器，甚至是枪弹的袭击。

这张照片拍摄于1868年左右，展示了特林吉特社会中发生的文化和服饰习惯的交融。

俄罗斯入侵

俄罗斯文献中已知最早提到阿拉斯加的时间是1648年，记载着一支前往其他地方的探险队意外地发现了这片土地。几乎是在一个世纪之后，俄罗斯探险家开始探索他们东部的土地，在阿拉斯加的岛屿上登陆。这些探险队带回海獭皮的样本，引发了人们对发展横跨白令海峡的毛皮贸易的兴趣。很快，捕猎者和商人开始建立起业务关系。

俄罗斯毛皮商人更愿意从当地的猎人，特别是阿留申群岛的阿留申人那里获得他们需要的皮毛。随着毛皮贸易的发展，对阿留申人的雇佣变成了剥削，甚至是奴役，这些群体被迫迁往毛皮商人希望他们工作的地方，并在恶劣的天气下进行危险的出海作业。反对这种压迫的起义被严厉镇压，此外，疾病的流行也使大部分阿留申人死亡。

18世纪80年代，当地部落对俄罗斯针对他们的独木舟和沿海村庄所部署的战舰毫无办法，俄罗斯殖民者开始有意在阿拉斯加进行殖民。殖民地建立起来了，但对它们的支持是困难的，而且由于过度狩猎，毛皮交易数量开始逐渐减少。最终，俄罗斯在阿拉斯加的财产被放弃，并被卖给了美国。

特林吉特人的木雕头盔具有仪式和精神意义，它们也能挡住子弹或战棍的打击。

特林吉特人与俄罗斯毛皮商人发生了冲突，他们明智地决定，友好关系比战争更有利。

抵抗俄罗斯入侵的主要是特林吉特人，他们可能在1741年袭击了俄罗斯探险家。他们当然也对1793年的一支俄罗斯探险队进行了抵抗。在这次冲突中，俄罗斯人发现他们的火枪无法穿透特林吉特人的木制头盔，尽管他们仍然能够赶走袭击者。

和平关系建立了一段时间，但俄罗斯人对当地居民的虐待引起了特林吉特人的反叛，他们摧毁了巴拉诺夫岛（Baranov Island）的堡垒。特林吉特人这时已经可以使用火器，但无法对付俄罗斯船只上安装的大炮。尽管如此，他们还是摧毁了其他堡垒，俄国人决定与该部落和平共处。一系列的宴会和赠礼保证了彼此之间的友好关系，这种关系在很大程度上保持到1867年俄罗斯政府将其在阿拉斯加的利益出售给美国并撤出。

烟草和烟熏仪式

烟熏仪式作为清洁仪式的一部分，涉及燃烧特定的植物，包括鼠尾草和香草，但最重要的是烟草。烟草当然也被吸食，但主要是出于宗教目的，而不是个人习惯。烟草被看得很重要，人们一般不会轻率地燃烧烟草。

燃烧草药或烟草产生的烟雾被羽毛或手的动作引导，使其在仪式中围绕参与者旋转，然后升到空中。据说这种仪式有清洁作用，可以用来消除负面事件的残余后果；或象征新的开始，例如搬到新的定居点。烟雾还将参与者的祈祷带到精神世界。

这个特林吉特人的烟斗不是什么实用的工具；主人每次拿出烟斗时都会想起烟草的意义。

奇努克人

　　奇努克人（Chinook）发源于现在的俄勒冈州和华盛顿州，他们在贸易探险中走得很远。西北地区的各部落之间存在广泛的贸易，产生了一种被称为奇努克混合语（Chinook Jargon）的贸易语言。这种语言随着时间的推移而演变，吸收了各种美洲原住民语言以及后来的英语和法语。奇努克商人与大平原的部落和西南地区的部落保持联系，促进了这些遥远的民族与西北地区的民族之间的物品和思想的交流。

　　奇努克人领土里的河流对他们非常重要，他们在贸易探险中广泛利用哥伦比亚河及其支流。河流中的鲑鱼是他们饮食的重要组成部分，一年中鲑鱼的第一次洄游

鱼叉捕鱼需要极佳的时机和极高的精确度。这位奇努克渔民在用这种方法可靠地养活自己之前，已经磨炼了多年的技能。

是一个重要的日期，人们会为此举行仪式。

像许多其他部落一样，奇努克人使用传统的弓箭和长矛作为武器，战士们有时使用厚厚的兽皮胸甲。这种胸甲是用木材和树皮加固的，可以保护他们不被箭射中。弓箭主要用于骚扰性攻击，大多数战斗都是肉搏，或在非常近的距离内使用长矛和鱼叉。奇努克人擅长用鱼叉捕鱼，必要时也可以用他们的技能对付目标人类。他们也很富有，有时会招募或以其他方式诱使其他部落的战士为他们作战。

战棍也被许多战士使用。战棍有各种设计，典型的是在柄的两边各安装一个石打击头。这些多用途武器能够使任何对手失去行动能力，但在突袭或战斗的最后阶段，它们可以用来进行不那么致命的打击，以期获得奴隶，供自己使用或进行交易。

尤马人

尤马人的领地位于科罗拉多河畔，在现在的亚利桑那州和加利福尼亚州。尤马人擅长作战，但也是商人，他们与太平洋沿岸和远内陆的部落保持着联系。他们从事季节性农业，利用洪水灌溉土地，但主要靠使用木筏捕鱼来维持生计，并辅以一些狩猎-采集来的野生动植物。

尤马人建造了被称为"基奇"（kiich）的一种由木杆组成框架、覆盖植物纤维的建筑。这些建筑通常是半地穴式，可看作地坑式房屋设计的一个变种。尤马人面临的主要问题是过热而不是过冷，这种半地穴建筑比建在地面上的住宅要凉爽。同样，尤马人需要的衣服也很少，男人通常只穿一件胸衣。

尤马音乐家。尤马人最初对西班牙殖民者很友好，后来，他们与西班牙和美国控制其土地的企图进行了斗争。

西班牙人在1540年迁入该地区时与尤马人进行了接触，但双方在接下来的两个世纪里几乎没有互动。18世纪70年代，西班牙殖民者迁入尤马人的领土。起初，双方关系并不敌对——一个尤马族酋长和他的一些人民接受了洗礼，并在他们的领土上设立了布道所。然而，西班牙帝国把尤马人当作被统治的民族，而不是善良的主人。

图腾柱

图腾柱主要与西北部落有关。它雕刻有真实和神话中的生物，人或太阳、月亮之类自然界的元素的形象。靠近柱子底部的图腾是最重要的，而位于顶部的图腾往往能确定雕刻该柱子的部落。

图腾柱可以发挥许多作用。它们可以用来记录部落历史或纪念某一特定事件，并被用来标记坟墓或颂扬某个特别著名的人物的事迹。图腾柱也可能是为了记录某个令部落蒙羞的人，确保他们的劣迹被每一个懂得解释图腾的人知道。

图腾柱可以标明对一片土地或水域拥有所有权，可以警告误入不友好领地的猎人，从而减少发生冲突的机会。

　　图腾柱也可以标志所有权，并被放置在酋长的房子前面或被刻上图案。一根图腾柱可能标志着一个部落领土的边界，或标志着对土地的所有权，特别是一片水域。

　　制作一根图腾柱是一个漫长而复杂的过程，需要熟练的手工艺和对图腾创作方式的理解。对于如何雕刻某些生物的眼睛，以及如何将神话中的生物和普通生物结合起来以创造某些意义，都有一定的规则。部落制作这样一根柱子的能力取决于其繁荣程度——一个把所有精力都花在生存上的部落不会有时间制作这样一个复杂的物品——因此，图腾柱也是一种身份的象征。

尤马叛乱

　　尤马人在1781年发生了叛乱，爆发点是他们的庄稼被西班牙探险队允许自由游荡的牲畜破坏了。由于西班牙人不关心他们的食物损失，尤马人和他们的盟友被激怒了，袭击了布道所并摧毁了它们。虽然西班牙人试图重新控制该地区，但尤马人成功地抵制了西班牙的统治。

　　在该地区转由美国控制后，此地的殖民活动继续进行，同时还有希望找到黄金的人涌向加利福尼亚，紧张局势不可避免地升级。这并不仅仅是简单的白人与美洲原住民的冲突，因为尤马人生活的地方和时代，一些州和联邦政府之间以及不同的白人殖民者群体之间的关系非常紧张。

　　1850年，使用尤马人设立的河流渡口的部落居民和殖民者遭到屠杀，使情况更加恶化。该渡口使尤马人能够从往返于加利福尼亚的殖民者和淘金者的流动中获利。这次对该渡口的袭击是一种不分青红皂白的强盗行为，而不是出自仇恨或领土冲突的动机。

> "由于西班牙人不关心他们的食物损失，尤马人和他们的盟友被激怒了，袭击了布道所并摧毁了它们。"

　　袭击者为了获利而袭击了其他尤马人的定居点，结果被尤马人的战士消灭了。这一事件发展成为尤马人与加利福尼亚州的冲突，该州组建了

这张尤马酋长米格尔（Chief Miguel）的照片是于 1885—1890 年拍摄的。此时，"印第安战争"已经结束，各部落的传统生活方式受到严格限制。

一支民兵，并让他们对抗尤马人。尤马人用游击战拖垮了他们，迫使幸存者返回家园。

1850年末，尤马人同意了一项条约，允许美国军队驻扎，以保护河流渡口并阻止进一步的土匪活动。尽管哨所在维持补给方面存在困难，但当尤马人的农作物歉收时，驻军能够帮助到他们。尽管与驻地部队的关系普遍良好，1851年，尤马人还是拿起武器反对美国。他们确信，墨西哥和加利福尼亚地区心怀不满的白人会加入他们，然而这些人反对起义，起义是由一个名叫安东尼奥·加拉（Antonio Garra）的库佩诺族（Cupeno）战士领导的。

加拉被俘，随后被处决，一支美国远征军于1852年初出发前往尤马堡。由于补给问题，那里的驻军已经大为减少，而尤马人则利用这种情况破坏了要塞及其周围的环境。在一系列的小规模冲突中，尤马人骚扰了补给车队，但避免了与被派来的纵队作战。尤马人的村庄被腾空了，并在纵队抵达后被摧毁，但无论如何，尤马人的定居点是临时性的，所以这种行动对他们影响不大。

尤马人和他们的盟友使用的战术在希拉河（Gila River）之战中取得了成果。面对一列步兵，尤马人用步枪和弓箭不断骚扰这支强大的部队，直到其指挥官决定

像许多部落一样，尤马人从政府那里得到了一些工具和用品，政府的目的是把他们变成与某一片土地相捆绑的定居农民。

冲锋。这时战士们分散开来，消失在周围的地形中。其他远征军也遇到了同样的情况，或者干脆被机动性更强的尤马人躲开了。

尤马战争于1853年结束，尽管尤马人当时正在与他们的前盟友科科帕人（Cocopah）作战。莫哈韦人提供了援助，迫使科科帕人同意和平条款。反过来，尤马人与莫哈韦人和尤马堡的部队达成了一项协议，形成了和平共处的基础。

刀

刀是美洲本土猎人或战士最重要的工具之一，但它并不是首选的武器。一个别无选择的战士可能会用他的刀来战斗，但如果能找到一块可以投掷的石头或一根可以打击对手的树枝，或者及时撤退并适当武装起来，可能会更好。

刀通常是由燧石等石头制成的，或者由骨头制成，经过剥落和打制形成极其锋利的刀刃。一旦欧洲人在贸易中提供高质量的金属刀片，传统的刀就变得不那么常见了，但仍然可以不时遇到。刀柄通常是鹿角或类似的有塑性的材料，可直可弯，以便将刀刃置于适合使用者的角度。

很少有战士是专门用刀甚至精通刀术的人，他们的精力会放在更普遍有用的地方，如学习木工、枪法、骑术，或使用长矛或棍棒等手持武器作战。

对许多人来说，刀是最后的武器，通常用于解决受伤的敌人或在战斗严重失误后在地上滚动争夺时使用。因此，它在战斗中最有可能被看作一种"杀人工具"，而不是一种普通武器。

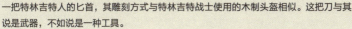

一把特林吉特人的匕首，其雕刻方式与特林吉特战士使用的木制头盔相似。这把刀与其说是武器，不如说是一种工具。

内兹佩尔塞人

"……内兹佩尔塞人与卡尤塞人和莫拉拉人有着密切的语言联系。"

被法国探险家错误命名的内兹佩尔塞人（Nez Percé），原居住在现在的华盛顿州、俄勒冈州、爱达荷州和蒙大拿州。他们是高原文化（Plateau Culture）的一部分，占据着美国北部和加拿大南部山脉之间的高地。这些部落使用来自四个不同语族的语言，他们与卡尤塞人（Cayuse）人和莫拉拉人（Molala）有着密切的语言联系。

他们居住在大平原和西北部地区之间的高原上，与这两个地区的人进行贸易，并经常受到奇努克和其他商人的惠顾。他们采用了其他地区部落的概念和习惯，如用头饰来表示等级或伟大的事迹。然而，并非所有的高原部落都能接受新观念。

他们的生活方式最初是半游牧的，部落在冬季搬到固定的村庄，然后在夏季分散开来狩猎。在温暖的月份里，人们使用简单的棚屋，猎取各种猎物。在冬季，该部落的大部分食物是在附近的河道中捕获的鱼，村庄通常位于有捕鱼条件的位置。

内兹佩尔塞人的领地位于高原地区的东侧，靠近大平原，他们从居住在南部的肖肖尼人那里获得了马匹。马很快对该部落变得十分重要，以至于他们因拥有比大平原部落更多的马而受到关注。内兹

穿着全套仪式服装的内兹佩尔塞族战士。一些装饰是个人的选择，但其他项目必须靠争取和由部落授予。

"……内兹佩尔塞人逐渐转向一种更偏向游牧的生活方式，用他们的坐骑到平原上狩猎野牛。"

佩尔塞人逐渐转向一种更偏向游牧的生活方式，用他们的坐骑到平原上狩猎野牛。

在当地政治和贸易方面取得主导地位后，内兹佩尔塞人在19世纪50年代与美国政府谈判达成条约，保证他们对大部分祖传土地的所有权。该条约在1863年被修订，大大缩小了他们的保留地面积，这主要是由于在附近发现了黄金。紧张局势的升级很快导致了后来内兹佩尔塞战争的发生。

内兹佩尔塞战争

战争也许在某种程度上是不可避免的，但冲突是在1876年6月爆发的，当时一个白人殖民者——他以憎恨附近的部落而闻名——指控一个内兹佩尔塞族狩猎队的成员从他的土地上偷马匹。关于随后的冲突如何发展的相关说法混乱而矛盾，但结果是一名猎人——内兹佩尔塞族首领约瑟夫的朋友——被枪杀。随后，那些马被发现在马主的土地上游荡。

法国探险家给该部落起的"内兹佩尔塞"（意为鼻子穿孔）这个名字是个错误的说法，很少有部落成员真正拥有鼻环。

约瑟夫酋长是一位伟大的领袖，但最重要的是他是一位雄辩的、有说服力的外交家，他为他的人民不懈地奔走。

"会议规定了一个星期的最后期限，但殖民者开始组建民兵，显然是打算战斗。"

美国地方当局试图缓解紧张局势，并普遍认为该事件是一起蓄意谋杀案，马的主人应该为此接受审判。然而他们什么也没做，最终内兹佩尔塞族的一些人失去了耐心。这些人中大部分是年轻人，他们耐不住性子，当他们的首领强烈要求谨慎行事时，他们也只是左耳进右耳出。

内兹佩尔塞人采取的行动是相当温和的。信使们前往该地区殖民者的家中，召集他们参加会议，要求参加会议的人交出凶手并离开该地区。会议规定了一个星期的最后期限，但殖民者开始组建民兵，显然是打算战斗。驻扎在附近的美国骑兵部队拒绝协助内兹佩尔塞人，而且向该地区派遣部队，试图将潜在的战斗人员分开。

尽管约瑟夫酋长和他的手下为战争武装好了，但政府骑兵部队和内兹佩尔塞人之间的谈判还是成功的。内兹佩尔塞人同意远离殖民者，并在谋杀者被审判时避免冲突。他们这样做了，但他们的指控被驳回。

为了解决殖民者和内兹佩尔塞人之间的紧张关系，美国政府成立了一个委员会，该委员会决定——尽管约瑟夫酋长提出了强有力的理由——内兹佩尔塞人应该被迁往保留地。他们拒绝离开，继续陈情，大意是应该允许他们留在祖先的家园，最后美国政府决定如果他们不搬迁，就用武力将他们赶走。内兹佩尔塞人同意搬

尽管最初被指控偷窃殖民者的马匹的内兹佩尔塞人是无辜的，但内兹佩尔塞的战士们后来袭击了殖民者，加剧了紧张局势。

迁，但他们的一些战士开始袭击殖民者，这就引发了约瑟夫酋长希望避免的冲突。

美国开始反击时，派遣了约100名骑兵加上一些平民志愿者和美洲原住民侦察兵，他们在爱达荷州的白鸟峡谷（White Bird Canyon）扎营时接近内兹佩尔塞人。内兹佩尔塞人不习惯与白人作战，也没有什么枪支，但他们是优秀的骑兵，拥有出色的坐骑，而装备较好的美国骑兵则缺乏经验，训练不力，他们的坐骑也没有接受过适当的骑兵训练。结果是美军溃败，主要是由于马匹的恐慌。

加拿大之行

白鸟峡谷战役后，内兹佩尔塞人开始向加拿大进发，他们先是向克罗人寻求庇护，但被拒绝。更多的美国部队被动员起来对付他们，包括许多具有内战经验的部队，内兹佩尔塞部落远离其祖先的家园，只能进行后卫行动。但这一行动总体上是成功的，尽管情况对该部落非常不利。

内兹佩尔塞人在玻璃镜酋长（Chief Looking Glass）的领导下，经历了一系列小规模冲突和为减缓敌人追击速度而进行的机动反击；这时约瑟夫的影响力已经减弱。在某些情况下，他们能够和平地通过白人殖民者的领地，这使内兹佩尔塞人认为他们已经摆脱了追捕，可以相对安全地前往加拿大。

1877年8月，内兹佩尔塞人在蒙大拿地区的大洞（Big Hole）扎营时遭到美军突袭。因为美军奉命不留俘虏或进行谈判，战士和非战斗人员都遭受了严重的伤亡。随着内兹佩尔塞人抵抗的加强，美国部队后撤并部署了一门大炮，炮手们很快就被内兹佩尔塞的神枪手击倒。战士们在当天剩下的时间里与美国士兵交火，而部落则撤退到一个更安全的位置。第二天，少数战士用精确的火力压制住了任何敢于走出射击掩体的敌人。

大洞之战对内兹佩尔塞人来说是一场胜利，他们得以与不再有条件追击他们的敌军中断联系。然而，他们显然没有逃脱——更多的士兵将会到来，部落也将被迫继续向加拿大前进。

经过进一步的小规模战斗和后卫行动，内兹佩尔塞部落于1877年9月底在熊掌山（Bears Paw Mountain）扎营。约瑟夫酋长再次领导该部落，由于在四个月的撤退中遭受了困难和损失，该部落濒临崩溃。在蒙大拿地区，大约500名美军在夏安

最初的美国骑兵部队缺乏经验，很容易被打败，但很快内兹佩尔塞人发现自己面对的是大量的经验丰富的老兵。

在桦木溪（Birch Creek）与一队殖民者发生冲突后，内兹佩尔塞战士突袭了追击部队的哨兵。随后的追击部队在卡马斯草原（Camas Meadows）遭到伏击。

人和拉科塔人侦察兵的陪同下找到了该部落。

　　随着美军的不断攻击，一些内兹佩尔塞人试图向加拿大边境逃窜。部落大多数人开始有秩序地转移，就像他们过去反复做的那样，剩下的战士部署了后卫行动。夏安人和拉科塔人侦察兵对捕捉内兹佩尔塞人的马群而非战斗更感兴趣，但追击部队的其他成员直接冲向营地，希望迅速攻克它。与预期相反，他们遇到了隐蔽在营地前的战士的步枪射击。

　　最初的攻击被击退了，但随着美军其他部队的前进，内兹佩尔塞人被包围了。在别无选择的情况下，他们和他们的敌人一样挖掘掩体。战士们在夜间悄悄地出来，从伤亡人员身上搜出武器、弹药和食物，战斗变成了一场围攻。一次尝试性的谈判导致约瑟夫酋长被扣为人质，但他被内兹佩尔塞人用一个被抓住的美国官员交换，于是围攻继续进行。

　　内兹佩尔塞人考虑进行一次突围的尝试，虽然战士们能够应付，但他们的伤员和大多数家人将不得不被留下。这是不可接受的，约瑟夫酋长在他的人民被包围、忍饥挨饿的情况下同意投降，以换取他的人民可以返回家园并进入他们的保留地的承诺。

约瑟夫酋长以他能得到的最好条件进行了投降谈判，但美国政府没有履行其协议，对内兹佩尔塞人造成了进一步的伤害。

大众传播

　　虽然骑着快马的人可以在短时间内把信息带到很远的地方，但他只能待在一个地方。如果他不能找到信息的接收者，或者被迫浪费时间去追赶分散的队伍或部落来传递他的消息，就有可能出现长时间的延误。解决这个问题的一个办法是使用烟雾信号。

　　烟雾信号是通过将潮湿的草放在火中燃烧产生的。当然，可以传达的信息量是有限的，但通过预先安排的代码，可以发送一组信息。来自某个山头的烟雾，或山头上某个特定地点的烟雾，会有一个只有发送者和预定接收者才能理解的含义。也可以通过中断烟雾的产生来创造一个简单的代码。通过这种方式，一个部落可以迅速将信息——如危险警报——传递给附近的人。

通过打断烟柱可以形成明显的烟堆，从而发送预先安排好的信息，向每个理解代码的人传达具体信息。

这一承诺没有得到兑现。相反，内兹佩尔塞人被送到俄克拉荷马的印第安领地数年，最后才被允许返回家园。约瑟夫酋长因领导近1200英里（约1931千米）的战斗性撤退而赢得了广泛的赞誉，但他没有被允许加入返回家园的族人中。他在华盛顿州度过了他的余生。

"战士们在夜间悄悄地出来，从伤亡人员身上搜出武器、弹药和食物，战斗变成了围攻。"

在没有马镫的情况下从马背上射击比在马背上使用弓箭稍微容易一些，但为了避免浪费弹药，骑手仍然需要熟练掌握骑术。

手语

许多部落都使用一种普遍的手语，即使在口语有很大差异的情况下，手势也能表达其意义。手语可能便于在偷袭猎物或等待伏击敌人时实现无声交流，尽管在所有的功能中，它主要是作为口语交流的补充，因为它的手势对任何有"用手说话"习惯的人来说都是直观的。

例如，放弃努力的手势类似于用双手将一个物体扔在地上，以表示羞愤的鲜明姿态。今天，类似的手势在那些不可能遇到平原手语的人中也在使用。它可以帮助减少同一家族中不同方言或语言的使用者在试图交流时产生的误解。它至少可以使没有共同语言的群体之间的简单交流成为可能，而且通常可以被不讲原住民语言的欧洲人理解——至少在某种程度上。

手语可能是不同地方的方言，但一般来说足够直观，陌生人也可以弄清楚某人想要表达的内容。

美洲原住民战士

　　美洲原住民战士不是欧洲意义上的士兵，但他们有能力以有组织的方式运作，并执行复杂的战术。他们战斗的主要目标是人而非地理目标——杀死敌人并不比让他们意识到不能肆无忌惮地进入部落的土地或必须转移到其他地方更有用。土地被使用，但没有白人殖民者所理解的那种意义上的土地所有权，这是双方发生冲突的一个原因。

　　战士有能力做到所谓非常野蛮的行为，但不是为了野蛮而野蛮——至少，大多数人不是这样。这是一个残酷无情的世界，很少有第二次机会；而且，像许多其他地方的原住民一样，美洲原住民战士生活在接近自然的地方。大自然根本不关心谁或谁的生死，有捕食者，也有猎物，自然会顺其自然。在美洲也是如此——一个强大而好战的部落可以选择是生活在和平中还是走上战争的道路，而一个较弱的部落可能不会被赋予选择的机会。

　　在欧洲人到达美洲500年后，情况发生了迅速的变化，美洲原住民战士也进行了调整。他们在林地里用弓打猎的技巧几乎毫不费力地转化为用火枪或步枪在同样的地形上进行小规模战斗。由于使用了马和枪，在平原上猎取野牛甚至猛犸象变得更加容易和有效，但猎人和猎物本身基本上没有变化。这些战士陷入的冲突，并非像某种类型的电影企图让我们相信的那样，在白人和美洲原住民之间产生。相反，是在一个特定的部落或该部落的一部分与他们当时碰巧在战斗的人之间产生。在欧洲人到来之前，北美大陆的政治是复杂的，有时是暴力的。一旦欧洲人进入其中，一个新的局面出现了，但从来没有一个简单的"我们和他们"的情况，只有两方。

　　美洲原住民战士也不是面对"白人"时无助的受害者。各部落根据自己的议程与殖民者群体打交道，并在他们的战争中利用早期殖民者，就像他们被殖民者利用一样频繁。一些部落对欧洲人到来的反应——如为控制贸易而打仗——产生的影响比欧洲人本身的影响更大。

　　随着时间的推移，情况确实变得极端化，但除了在"仇视印第安人"的人心目中，两种文化群体之间并没有发生全面的战争。随着利益的冲突，不断扩张的美国与一个部落或联盟发生了冲

> "战士有能力做到所谓非常野蛮的行为，但不是为了野蛮而野蛮——至少，大多数人不是这样。"

1916年第一次世界大战期间，加拿大克里族的男子。最年长的一代在前面，看到他们的孙子出生在一个完全改变的世界。

突。冲突很少发生，但一旦发生就是野蛮的。美洲原住民战士在战争中表现出色；直到19世纪末，他们仍能给一个新兴的世界大国所派出的更大的部队带来痛苦的失败。

美洲原住民部落的战士们当时可能意识到，他们是在为自己的生活方式而战，也可能没有意识到。在某些情况下，例如在抵制皈依基督教或取缔传统习俗的企图时，似乎是这样。在其他时候，他们为他们的土地、他们的部落而战，为报复对他们不公正的敌人，或为掠夺和荣耀而战。

美洲原住民部落产生了一些世界上有史以来最优秀的战斗人员，由聪明和创新的指挥官领导。他们的消亡标志着军事史上的一个转折点——勇气和战斗技巧从未过时，但战争越来越被后勤和工业能力主导。在"印第安战争"结束后不到25年，第一次世界大战爆发了。那时，战争已经完全改变，战士已经完全被士兵取代。

"美洲原住民部落产生了一些世界上有史以来最优秀的战斗人员，由聪明和创新的指挥官领导。"

图书在版编目（CIP）数据

美洲原住民战士 /（英）马丁·J.多尔蒂著；历史独角兽，李晓哲译. —广州：广东人民出版社，2024.4
书名原文：Native American Warriors
ISBN 978-7-218-16837-1

Ⅰ.①美… Ⅱ.①马… ②历… ③李… Ⅲ.①居民生活—史料—美洲 Ⅳ.①K706

中国国家版本馆CIP数据核字（2023）第156116号

MEIZHOU YUANZHUMIN ZHANSHI
美洲原住民战士
［英］马丁·J.多尔蒂 著 历史独角兽 李晓哲 译 　版权所有 翻印必究

出 版 人：肖风华

责任编辑：寇 毅
责任技编：吴彦斌 马 健

出版发行：广东人民出版社
地　　址：广州市越秀区大沙头四马路10号（邮政编码：510199）
电　　话：（020）85716809（总编室）
传　　真：（020）83289585
网　　址：http://www.gdpph.com
印　　刷：北京中科印刷有限公司
开　　本：710毫米×1000毫米　1/16
印　　张：15　字　　数：248千
版　　次：2024年4月第1版
印　　次：2024年4月第1次印刷
定　　价：78.00元

如发现印装质量问题，影响阅读，请与出版社（020-87712513）联系调换。
售书热线：（020）87717307

创美工厂 壹品
新奇有趣

出品人：许　永
出版统筹：林园林
责任编辑：寇　毅
特邀编辑：尹　璐
封面设计：墨　非
内文制作：万　雪
印制总监：蒋　波
发行总监：田峰峥

发　　行　北京创美汇品图书有限公司
发行热线：010-59799930
投稿信箱：cmsdbj@163.com

创美工厂
官方微博

创美工厂
微信公众号

小美读书会
公众号

小美读书会
读者群